VISUAL

日経文庫　ビジュアル

いまさら聞けない
人事マネジメントの
最新常識

リクルートマネジメント
ソリューションズ［編］
RECRUIT MANAGEMENT
SOLUTIONS

日本経済新聞出版

　働き方の見直し（長時間労働の是正、両立支援、フリーアドレス化、副業、リモートワークなど）、ジョブ型人材マネジメントの導入、優秀人材のリテンション、ワーク・エンゲージメントの向上など、人事に求められるものは、拡大するとともに、変化してきています。そのような現実に対処するために、人事に携わる人が知っておかなければならないことは変化し、増えてきました。

　こうした背景のもと、本書を執筆しました。人事の仕事に初めて就いた人や、新しくマネジャーになった人が、最低限知っておくべき重要な用語を厳選し、コンパクトにまとめました。そのため、網羅性を重視し、各用語の説明は非常に短いものになっています。興味があるテーマについては、さらにくわしい本を読んでいただくことをお薦めします。

　各章は、それぞれの分野の専門家が執筆しましたが、あらためて全体を読んでみますと、知っているようで知らないこともあり、人事のベテランの方でも再発見するものに仕上がっています。また、人材ビジネスに関連する方にも、有意義な内容であると自負しておりますので、多くの方の座右においていただければ幸いです。

著者を代表して　古野庸一

いまさら聞けない　人事マネジメントの最新常識

目　次

第 1 章　採用と人材の戦力化

第 2 章　育成と能力開発

第3章 組織開発と関係性構築

第4章 人材マネジメント

第5章 働き方とキャリア

採用と
人材の戦力化

1 採用要件の設計

▶ 採用要件の共有が重要に

　人材の採用選考においては、在職社員による面接が中心的な手法となります。しかし、そこでの評価は面接者の主観によるものであり、どのような人物が自社の職務や組織に適応して成果を上げるのか、という人材観には個人差があります。

　必ずしも面接や人材評価の経験が豊富でない面接者も多く参加する新卒採用では、特にその影響が大きく、活躍する可能性の高い入社者を確保するためには、応募者に求める条件（＝採用要件）を明確化し、関係者の間で共有しておくことが重要です。

▶ 4つの象限で考える

　要件設計のための情報収集にはいくつかの方法がありますが、右図のように4つの象限に分けて整理することができます。これまで活躍してきた人物の特徴を明らかにするのか、これからの変化する事業環境に適応できる人材の条件に主眼を置くのかを大別し、定性情報と定量情報をバランスよく収集します。それらを組み合わせて採用要件を言語化し、それぞれの要件をどの選考ステップでどのような手法で評価するのかを具体的に設計していきます。抽象的な表現にしないこと、高すぎる理想像を描かないこと、などに留意する必要があります。

未来視点

トップインタビュー

今後の事業戦略、
大切にしたい企業文化・
風土などから、
今後求められる人物像を
明らかにする

サーベイ・アンケート等

採用要件の優先順位や
重要な要件の
選択理由などについて、
多くの従業員の意見を
集約する

定性情報

定量情報

活躍人材インタビュー

活躍している人材に共通する
行動特性や考え方、
心がけていることなどを
言語化する

適性検査結果の分析等

活躍している人材と
そうでない人材の違いを、
適性検査データなどを
用いて明らかにする

現在視点

2 新卒採用

▶ さまざまなメリット

　日本における新卒採用は、大正時代の好況期に、高度な人材に対する需要に応えるために取り入れられた仕組みです。長期雇用や年功型の賃金体系とセットとなり定着していきました。新卒者を一括採用することで、企業側には、従業員の年齢構成の管理が容易になること、教育を効率的に行えること、文化や価値観の共有が容易であること、入社者の間に醸成される同期意識が組織の運営を円滑化すること、などの利点があります。社会的にも欧米諸国と比較して若年層の高い就業率維持に寄与しているといわれています。

▶ 見直しの機運が高まる

　一方で、在学中に就職活動を行うことによる学業への支障、新卒時に選考に漏れるとその後のリカバリーが困難になり、キャリアに長く影響することなどのデメリットもあります。また、高度な専門性を持つ人材へのシフトや、就業に対する若年層の考え方の多様化などと相まって、近年新卒一括採用を見直そうとする機運が高まっています。こうした流れを受けて、既卒者や外国人・留学生の採用や通年採用などに注力する企業も増えていますが、学生側には一括採用の維持や、一括採用と通年採用の併用を希望する声が少なくありません。

新卒採用の代表的な手法

手法	概要	メリット	デメリット
就職サイトでの公募	就職情報会社が運営するサイトに、企業情報や募集条件などを掲載する	・多くの就活生に情報を提供できる	・掲載企業が多く埋没してしまう可能性がある ・掲載コストがかかる
自社ホームページでの公募	自社のホームページに採用情報を掲載する	・学生に伝えたい情報を自由に掲載することができる ・多額のコストを必要としない	・自社に興味を持っている学生にしか情報を提供できない
合同会社説明会への参加	他社と合同で開催される会社説明会や就職イベントに出展する	・多くの学生と直接接触できる ・想定していなかった人材と出会える可能性がある	・数多い出展社の中で学生に印象付けることが難しい ・都市部で開催されることが多い
インターンシップの実施	インターンシップを通じて学生に魅力を伝え、企業側との相互理解を深める	・学生と企業のミスマッチを減らすことができる	・企画や運営に工数を要する
エージェント会社による人材紹介	人材紹介会社に募集条件を伝え、候補者の紹介を受ける	・条件に合う人材が紹介されるため効率がよい ・一般的に成功報酬型である	・紹介会社に登録している学生だけが対象になる ・一人当たりのコストは高い
大学への協力依頼	大学のキャリアセンターや研究室に学内説明会や学生の紹介を依頼する	・希望する大学や学部を絞って応募者を集められる ・多額のコストを必要としない	・大学との接点づくりに労力がかかる
ハローワーク	ハローワークに人材の紹介を依頼する	・募集コストがかからない	・利用する学生が少なく、人材の質と量を確保できない可能性がある ・選考に伴う事務作業などはすべて自社で行う必要がある
社員による紹介	在職社員に後輩や知人の紹介を依頼する	・学生と企業のミスマッチを減らすことができる ・多額のコストを必要としない	・不合格になった場合、紹介者と応募者の関係が悪化するおそれがある

3 インターンシップ

▶ 一般的な採用プロセスに

　インターンシップとは、学生が在学中に自らの専攻、将来のキャリアに関連した就業体験を行うことです。リクルートキャリア就職みらい研究所『就職白書2019』によると、2019年度においては、94.8％もの企業がインターンシップを実施しており、新卒採用における一般的な採用プロセスとなりつつあります。

　インターンシップは「仕事を通じて、学生の自社を含めた業界・仕事の理解を促進させる」といった、就業体験を通じた企業・業界理解が一般的な実施目的とされています。学生にとっても、業界・企業・職場理解を深めるために有用な機会として認識されています。

▶ 採用選考に直結する場合も

　インターンシップには、一定期間現場で仕事を体験させるような比較的長期にわたるものや、企業の課題の解決に取り組むグループワークに参加させるような、短期的なものが存在します。

　中には就業体験を伴わず、企業の採用選考に直結する形で実施されているケースもあり、問題視されています。企業と学生の双方にとって、有用な場となるインターンシップのあり方が問われているといえるでしょう。

新卒採用におけるインターンシップの種類の整理

種類	期間	内容	対象者
イベント・セミナー型	1日〜短期	業界説明、グループディスカッション、社員座談会など	就職活動生
プロジェクト型	短期〜中期	課題に対して参加者がチームを組んで課題解決およびプレゼンなどを行う	就職活動生
業務体験・就業型	中期〜長期	アルバイトとして就業するなど、実際の業務体験をベースとする	大学生全般

インターンシップの実施目的（複数回答）

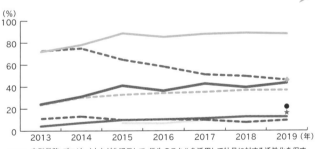

- ----- 定型業務・プロジェクトなどを明示して、学生のスキルを活用して社員に対する活性化を促す
- —— 採用を意識し学生のスキルを見極める
- —— 仕事を通じて、学生に自社を含め、業界・仕事の理解を促進させる
- —— 従来の採用とは異なるタイプを見出す
- ----- 将来の顧客となり得る学生に対して、自社に対する理解・イメージアップを促進させる
- ----- 学生に就業体験の機会を提供することで、社会貢献する
- —— 採用に直結したものとして実施
- ★ 学生の受け入れを通じて、社内人材を育成する（今回新規）
- ◆ 入社意欲の高い学生を絞り込む（今回新規）
- ● 入社後の活躍や定着を促進する（今回新規）

（出所）リクルートキャリア（2019）『就職白書2019』

4 採用適性検査

▶ 9割以上の企業で実施

　新卒採用を行っている日本企業では、選考に際して適性検査が多く利用されています。リクルートキャリアの就職みらい研究所が発表した「就職白書2018」によれば、新卒採用を行った企業の94%が適性検査ないしは筆記試験を実施しています。就業経験がなく職務遂行能力の直接的な評価が難しい応募者の潜在的な能力を、客観的に捉えようとしていることがうかがわれます。

▶ 人物理解の補助ツール

　適性検査の測定領域は、知的能力、性格特性、興味・志向に大別されます。性格検査の測定手法には、多数の短い質問に選択式で回答を求める「質問紙法」、ロールシャッハに代表される、曖昧な刺激に対する反応に表れる個人差を捉える「投影法」、比較的単純な作業を連続的に課し、その作業量の変化から性格を測定する「作業検査法」があります。その中で、実施や結果の解釈が容易な質問紙法によるものがよく利用されています。近年は企業と応募者双方の利便性が高いウェブ上で回答する方式の検査も普及が進んでいます。

　実際の選考場面では、知的能力検査は採用基準の一つとされることが多く、性格、興味・志向検査は人物理解の補助ツールとして用いられるのが一般的です。

採用活動プロセスごとの実施率（%）

ＯＢ・ＯＧ訪問の受け入れ	33.4
リクルーターによる接触	38.7
プレエントリー（採用情報・資料の請求）受付	79.1
説明会・セミナー	97.1
書類選考（エントリーシート、履歴書、作文等）	88.4
適性検査・筆記試験	94.0
面接	99.5
内々定、内定出し	98.6

（出所）就職みらい研究所「就職白書2018」

性格測定の方法

種　類	特　徴	例
質問紙法	人格を現象的に把握 最も広く用いられている ＹＥＳ／ＮＯなどの形式 意思的操作が可能という批判あり	ＳＰＩ ＭＢＴＩ ＹＧ
投影法	人格を力動的に把握 効果、妥当性大 しかし、実施、解釈ともに技術的に難しい 時間がかかる	ロールシャッハ 文章完成法 ＴＡＴ
作業検査法	単純作業を通して間接的に把握 結果のみでなくプロセスが重要 採点が質問紙ほど簡単ではない 知能の高い人にはあまり個人差が出ない	クレペリン検査 ブルドン検査 アメフリ検査

（出所）大沢武志「採用と人事測定」

5 採用面接

▶ 採用側の納得感が高い

　採用では、適性検査など応募者を評価するためのさまざまな手法が使われますが、多くの先進国で採否決定の際に最も重視されるのが、採用面接です。採用面接には、応募者の評価に加えて、応募者への情報伝達や動機付けなどの機能があります。他の評価手法に比べると高コストであるにもかかわらず、採用面接が重視される理由には、採用側にとっての納得感があると考えられます。

▶ 構造化面接の活用が広がる

　欧米では、採用面接に関する研究が数多く行われています。その中で、構造化面接の手法を用いることで、自由に質問・評価を行う従来型の面接と比べて、評価の安定性が増し、入社後の活躍予測の精度も高くなることが示されています。構造化面接とは、評価する内容、そのための質問、評価レベルの設定を事前に行った上で臨む面接のことで、欧米では広く活用されています。

　事情の異なる日本の新卒採用でも、少しずつ構造化面接の適用に向けた研究や実務が試行されています。また、近年の日本の採用面接では、人材不足の解消や優秀層の採用に力を入れる企業が多く、評価に加えて、応募者を動機付ける機能が重視されるようになっています。

構造化面接構築のポイント

1. 人材要件を具体的行動レベルでイメージする

2. 人材要件を面接評価のために再定義する

3. 評価のための面接質問を準備する

4. 面接時に使用する面接評定票を準備する

5. 面接での質問と面接評定票の使用方法について
   面接者訓練を行う

6. 面接実施後に質問や評定票の検証を行う

面接評価内容に関する概念的枠組み

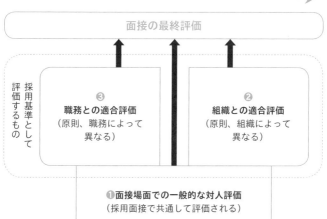

面接の最終評価

採用基準として評価するもの

❸ 職務との適合評価
（原則、職務によって異なる）

❷ 組織との適合評価
（原則、組織によって異なる）

❶ 面接場面での一般的な対人評価
（採用面接で共通して評価される）

（出所）今城志保（2016）採用面接評価の科学. 白桃書房

6 ウェブ・動画面接

▶ 時間・場所の制約を受けない

　ウェブ面接は、インターネットを介した音声やテレビ電話などで行う形の面接を指し、動画面接は、自己ＰＲなど企業が事前に設定したテーマに対して、回答動画を撮影し、企業に送付することで採用選考を行う形の面接です。

　従来の対面型の面接に比べ、時間や場所の制約を受けづらいため、企業側、候補者側双方にとって、採用選考にかかる費用や時間を削減でき、面接機会を多く創出できるメリットがあります。一方で、お互いが相手の反応をつかみづらいなどのミスコミュニケーションを引き起こしやすいといったデメリットが指摘されています。

▶ 日本でも広がる

　動画を用いた採用選考は、これまで米国が先行してきましたが、2020年のコロナウイルスによる影響により、日本の新卒採用においてもウェブ面接を導入する企業が増加しました。2020年の就職みらい研究所の調査によると約7割の学生が、オンライン上での面接を経験しているという結果が出ています。今後、一般的な選考手法として社会的に受け入れられていく可能性が高く、企業は選考手法としてのメリット・デメリットを把握したうえで、導入を検討していく必要がありそうです。

ウェブ・動画面接の仕組み

ウェブ・動画面接サービスを扱う
ベンダーが提供するシステム

ウェブ面接

採用担当	①応募者登録と案内 →	ウェブ面接システム	← ②面接日程の調整	応募者
	③ウェブ面接参加、評価 →		← ③ウェブ面接参加	

動画面接

採用担当	①応募者登録、質問設定、案内 →	動画面接システム	← ②動画の撮影、送付	応募者
	③動画面評価 →			

ウェブ上での面接の企業数

大学生　全体（就職活動経験者／単一回答）＊大学院生除く

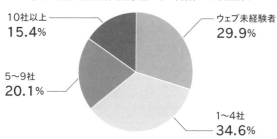

10社以上
15.4%

ウェブ未経験者
29.9%

5～9社
20.1%

1～4社
34.6%

(出所) 2021年卒　就職活動 TOPIC（就職みらい研究所）
https://data.recruitcareer.co.jp/wp-content/uploads/2020/08/
topic_21s_20200826.pdf

7 組織社会化

▶ 個人が仕事・組織に適応するプロセス

組織社会化とは、個人が仕事や組織に関する知識を得て、そこに適応するプロセスのことを指します。組織社会化の成功は、組織に参入する個人にとっても、受け入れる組織にとっても重要です。これまでに、組織が準備する公的な導入支援プログラムや、新規参入者自身の主体的な情報収集行動やフィードを求める姿勢などが、組織社会化の成功に寄与することがわかっています。

▶ 得るべき3つの知識

組織社会化のために得るべき知識は、職務遂行に関わるもの、職場に関わるもの、組織全体に関わるものに大別されます。各知識は、研修などで公式に学ぶこともあれば、人づてに聞いたり、先輩社員を観察したり、経験から身につけるものもあります。また、3つの内容を同時に獲得するのではなく、米国では職務、職場、組織の順に得ることが一般的であると考えられます。ただし、日本の新卒採用での場合は、組織、職場、職務の順になっている可能性があるため、一概には言えません。

今後は、新規参入者の受け入れに際して、組織、職場の上司や先輩、本人が何をどのタイミングで行えばよいかを意識的にデザインし、まとまりのある施策を考えることが重要です。

組織社会化を促進する方法

職場でのサポート

- 誰から：上司、先輩、同僚からのサポート
- **サポートの種類**：技術、技能、知識、情緒、役割付与
- 形式：面談、研修、OJT（実際の仕事の中）、交換日記
- 職場風土の醸成：困っている人、孤独な人への配慮

人事としてのサポート

- 研修制度（マナー、技能、知識、プロジェクト）
- 同期ネットワーク形成
- 定期的な人事面談
- 先輩社員からの講話
- カウンセリング、メンター制度

雇用形態・採用区分と育成の有無（%）

雇用形態・採用区分			若年正社員	新規学卒で採用された者	中途で採用された者	正社員以外の若年労働者
該当する若年労働者がいる事業所計			69.1	55.6	61.0	40.9
若年労働者の育成の有無	行っている		76.9	76.2	73.5	70.1
	若年労働者の育成方法（複数回答）	OFF-JT	33.8	37.5	28.5	19.1
		OJT	66.9	67.6	63.2	60.3
		ジョブローテーション	23.6	24.8	19.2	8.6
		自己啓発への支援	33.3	34.9	30.1	17.8
		その他	3.8	3.1	3.6	3.2
	行っていない		9.8	7.0	10.8	13.3
	不明		13.3	16.8	15.6	16.5

（出所）平成 25 年若年者雇用実態調査の概況（厚生労働省）

8 リテンション・マネジメント

▶ 大手企業でも若者は辞める

　人事場面で用いられる場合、社員を会社にとどめるという意味を持ちます。先進国企業では、自国だけでなく、グローバルに人材の確保とリテンションに力を注いでいます。国内では、若手の離職はこれまでも問題視されてきましたが、最近の傾向として、働く環境に恵まれた大手企業でも、若手が辞めるという現象があります。彼らは会社の将来を担う人材として期待されていたり、職場や処遇に大きな不満を持っているわけではないという点で、新たな離職の問題として注目されつつあります。

▶ 何を得たいのかを確認する

　具体的には、勤務時間や処遇といった条件面、上司との関係性や職場での人間関係、仕事の意味付けや将来キャリアとの結びつきといった仕事のやりがいに関するものがあります。2019年のある調査では、活躍している若手が転職を考える理由として最も多かったのが、「仕事の領域を広げたい」というものでした。一方、あまり活躍できていないと感じる人は、「会社の将来に不安を感じること」を挙げることが多く、異なる結果でした。リテンションを成功に導くためには、引き止めたい人材が社外に出ることで得たいものは何かを確認し、それに合わせた方法を考えることが必要だといえるでしょう。

転職を考える理由

会社満足度が低い人

- 会社の将来に不安
- 労働時間が長い
- 賃金に満足できない
- 職場の人間関係

会社満足度が高い人

- 仕事の領域を広げたい
- 生活の変化に応じて働き方を見直したい

(出所) リクルートマネジメントソリューションズ（2018）「RMS Message52 号」より作成

リテンション施策

職場でできること

- コミュニケーション頻度を高める
- 役割を付与する
- 仕事の意味付けをする
- その人らしさを認める
- 成長を促すアサインメント

人事・会社ができること

- 採用前の就業レディネスを高める
- 適性を考慮した異動
- 基本的な労働条件（給与、労働時間）
- 納得感の高い評価制度とその運用
- 納得感のある昇進・昇格
- 経営への提案制度

9 組織コミットメント

▶ 3次元からなる概念

組織コミットメントは、所属する組織に対する忠誠心を示す概念です。さまざまなモデルが提示されていますが、現在最も支持されているのが、アレンとメイヤーの3次元モデルです。

このモデルでは、組織コミットメントを存続的要素、情緒的要素、規範的要素の3次元に分けて整理しています。存続的要素は組織を辞める場合の損得の知覚に基づくもので、功利的な概念です。情緒的要素は、組織への愛着的な概念に近いと考えられます。また、規範的要素は、理屈抜きに組織にはコミットすべきであるというある種の忠誠心を示しています。

▶ 意図的に高めることが必要に

組織コミットメントは、離職や生産的行動（欠勤率、成果など）に関係する要素と考えられており、従業員の職場定着を考える際には、組織コミットメントを高めることが目指すべき一つの目標となります。

昨今では、個人のキャリア観の変化、転職の一般化などもあり、組織コミットメントのあり方も変化しつつあります。従業員自身が働くことの有用性を感じ、仕事の意味付けを行えるよう、意図的に組織コミットメントを高めていく取り組みが重要になってきています。

組織コミットメントを決める３つの要素

存続的要素	実利的なメリット / デメリットを計算して、組織にとどまることを選択するコミットメント
情緒的要素	組織への感情的な好意があることでのコミットメント
規範的要素	組織に残る義務や慣習を気にして、とどまることを選択するコミットメント

（出所）Meyer,J.P. & N.J.Allen,（1997）
Commitment in the Workplace, Sage Publications.

組織コミットメントの形成に関する要因と組織コミットメントが影響を与える結果

形成に関する要因

個人の属性：勤続年数の長さ、年齢、性別など

組織の人間関係：リーダーシップの有無、集団の多様性・凝集性など

組織の構造：組織規模の大小、意思決定のスタイル（トップダウン or ボトムアップ）

担う役割の性質：担う役割の曖昧さ、業務負荷の大小など

影響を与える結果

離転職

パフォーマンス

10 就業レディネス

▶ 2つの考え方から成り立つ

就業レディネスは、就職活動を経て、就職先へ入社するにあたっての社会人としての心の準備状態を表す概念です。「社会人としての自覚」「自己理解の促進」の2つの概念から成り立っており、就職活動に対する満足感と関係が深く、入社後の職務・職場適応や離職意思にも影響するものと考えられています。

若手の早期離職や会社への適応について考える上で、企業側にとって重要なだけでなく、個人のキャリアや職業人生を考える上でも、今後より一層重要度が増していく概念であると考えられます。

▶ 企業側のスタンスにより高まる

就業レディネスは、企業側からの「誠実なコミュニケーション」と「入社の意思決定をするための情報や機会の提供」により高まるといわれています。

就職活動を通じて、内定先への理解を深めることだけでなく、ネガティブな情報でも、求めれば隠すことなく開示するといった「誠実なコミュニケーション」という企業側のスタンスが社会人としての心の準備を促します。このことは、今後のよりよい採用活動を考える上でも示唆に富んでいるといえるでしょう。

就業レディネスが影響を与える結果

仕事の満足感

組織コミットメント

自己効力感

適応を促進する行動
（自ら働きかける、主体的に取り組む、経験から学ぶ 等）

（出所）舛田博之（2015）就職みらい研究所 REPORT
　　　　『充実した就職活動が入社後の適応や定着におよぼす影響 - 就業レディネスの重要性 -』
　　　　リクルートキャリア

就業レディネスの形成を促進する企業側の関わり例

誠実なコミュニケーション
（ネガティブな情報でも、求めれば隠すことなく開示してくれた、
自分のことをよく理解しようとしてくれた 等）

意思決定するための情報や機会の提供
（より多くの社員と接する機会を設けてくれた 等）

（出所）渡辺かおり・飯塚彩（2016）
　　　　就業レディネスを高める企業側フォローに関する考察 - 内定保有者を対象とした調査から -
　　　　人材育成学会第 14 回大会論文集 P61-66

11 若年層の就業意識の変化

▶「楽しい生活をしたい」が最上位

さまざまな生育環境の変化によって、若年層の就業意識も大きく変わってきています。日本生産性本部が経年で実施している「新入社員働くことの意識調査」によれば、働く目的の最上位はここ20年近くにわたり「楽しい生活をしたい」で、選択率も上昇傾向にあります。働き方についても「人並みで十分」とする回答が63.5％を占め、過去最高水準となっています。

リクルートマネジメントソリューションズによる「新入社員意識調査」では、「お互いに助け合うアットホームな職場」や「相手の意見や考え方に耳を傾け一人ひとりに対して丁寧に指導する上司」を望む声が高まっていて、働いていく上では「仕事に必要なスキルや知識を身につけること」を最も重視する結果となっています。

▶ きめ細かな指導が大切

こうした傾向には個人差はあるものの、若年層全体の考え方は、個性が尊重される環境でワークライフバランスを大切にしながら働き、スキルや知識を効率よく身につけたいという方向に変化しているものといえます。

若手社員のマネジメントにあたっては、このような実情を理解した上で、1on1などを通じて相互理解を深めながら、よりきめ細かな指導を行う必要があります。

働きたい職場（％）

選択肢（選択率順）	2019	2018	2017	5年間の比較	10年間の比較
お互いに助け合う	60.4	57.2	56.8	7.7	12.4
アットホーム	47.4	44.1	43.6	4.9	4.4
お互いに個性を尊重する	43.4	41.8	38.0	1.8	16.4
遠慮をせずに意見を言い合える	37.6	37.6	36.8	2.3	▲ 2.4
活気がある	32.8	35.1	33.3	▲ 7.4	▲ 11.2
皆が一つの目標を共有している	25.1	26.5	30.2	▲ 11.3	▲ 8.9
お互いに鍛え合う	16.1	18.9	19.6	▲ 5.5	▲ 8.9
ルール・決め事が明確	11.8	13.3	12.1	1.7	▲ 0.2
その他	0.7	0.6	0.1	▲ 0.2	0.7

上司への期待（％）

選択肢（選択率順）	2019	2018	2017	5年間の比較	10年間の比較
相手の意見や考え方に耳を傾けること	49.2	47.4	47.0	0.3	5.2
一人ひとりに対して丁寧に指導すること	44.8	41.7	40.1	12.0	12.8
好き嫌いで判断をしないこと	34.5	32.5	33.2	5.0	0.5
仕事に情熱を持って取り組むこと	29.1	26.9	28.2	▲ 2.8	▲ 2.9
職場の人間関係に気を配ること	27.8	26.3	26.0	0.1	3.8
よいこと・よい仕事をほめること	26.5	24.1	22.5	7.6	5.5
言うべきことは言い、厳しく指導すること	24.4	28.6	28.6	▲ 9.3	▲ 12.6
周囲を引っ張るリーダーシップ	16.7	19.8	19.0	▲ 6.8	▲ 13.3
仕事がバリバリできること	11.8	14.3	12.5	▲ 0.7	0.8
ルール・マナーを守り、清廉潔白であること	9.3	9.5	10.8	▲ 0.3	0.3
部下に仕事を任せること	5.8	5.4	5.4	▲ 0.1	▲ 0.2
その他	0.6	0.8	0.5	0.0	▲ 1.4

（出所）リクルートマネジメントソリューションズ「新入社員意識調査」2019

12 中途採用

▶ 85%が中途採用を実施

　中途採用は、高度な知識やスキルを持つ人材の採用、新卒採用だけでは充足できない人員の補充などを目的に広く実施されています。労働政策研究・研修機構が2017年に実施した調査結果によれば、回答のあった企業のうち85.9%が中途採用を実施しており、従業員規模の大きな企業ほど新規学卒採用に、規模の小さい企業ほど中途採用に重点を置く傾向があります。一方で、両者を同程度に重視している企業も多くあります。

　近年では、求人倍率の上昇とともに、中途採用による人材の獲得も困難度が増しており、ワークス研究所の実態調査では、「人員を確保できなかった」との回答が「確保できた」を上回る状況が続いています。

▶ 在職者の紹介を重視する傾向

　募集方法には、求人媒体、人材紹介、自社のホームページ、ハローワークなどがありますが、求める水準の応募者の減少が課題となっています。また、選考時の評価対象がスキルや経験に偏りがちなこと、仕事観や組織観の相違、新卒採用と比較した教育やフォローの少なさなど、中途採用ならではの要因が入社後の適応を阻害するケースもあり、在職者の紹介による「リファラル採用」に注力する企業が増加しています。

中途採用の代表的な手法

手法	メリット	デメリット
ハローワーク	・募集コストがかからない	・募集企業が多く埋没してしまう可能性がある ・掲載できる情報が限られている ・選考に伴う事務作業などはすべて自社で行う必要がある
求人サイトでの公募	・多くの求職者に募集情報を伝えることができる ・掲載できる情報量が多い	・掲載企業が多く埋没してしまう可能性がある ・掲載コストがかかる
自社ホームページでの公募	・求職者に伝えたい情報を自由に掲載することができる ・多額のコストを必要としない	・自社に興味を持っている求職者にしか情報を提供できない
求人誌や折り込みチラシの利用	・特定の地域の求職者に絞って募集情報を伝えることができる	・発行後は情報を修正できない ・掲載コストがかかる
エージェント会社による人材紹介	・条件に合う人材が紹介されるため効率がよい ・一般的に成功報酬型である	・紹介会社に登録している求職者だけが対象になる ・一人当たりコストは高い
合同会社説明会への参加	・多くの求職者と直接接触できる ・想定していなかった人材と出会える可能性がある	・数多い出展社の中で求職者に印象付けることが難しい ・都市部で開催されることが多い
ダイレクトソーシング	・自社に興味を持っていない優秀な人材にアプローチできる ・低コストで、採用候補者一人ひとりに合わせた情報提供ができる	・採用候補者を探すことやスカウトメールの作成などに工数がかかる
社員による紹介	・求職者と企業のミスマッチを減らすことができる ・多額のコストを必要としない	・不合格になった場合、紹介者と応募者の関係が悪化するおそれがある

13 リファラル採用

▶ 米国では8割以上が導入

リファラル（referral）は紹介・推薦という意味で、リファラル採用とは、在職社員やその人脈を通して知人・友人の紹介・推薦を受けて選考を行う人材採用手法を指します。リファラルリクルーティング、社員紹介採用とも呼ばれています。米国においては従来から有効な手法として定着していて、CareerXroads社が2016年に大手企業を対象に実施した調査では、87.6%の企業が実施し、新規に採用した従業員の27.5%がこの手法による入社者でした。紹介者に金銭的インセンティブが支払われるケースも多くあります。

▶ メリットとデメリット

リファラル採用のメリットには、転職市場に現れない優秀な人材に接触できること、一般公募や斡旋など他の手法と比較して採用の決定率が高いこと、応募者の企業理解やエンゲージメントが高まりやすいため、入社後のミスマッチや早期の離職を防止できること、採用コストを大幅に低減できることなどがあります。

デメリットとしては、紹介者の認識不足や情報伝達上の問題がミスマッチにつながる可能性があること、紹介者と被紹介者のいずれかの離職がもう一方にも波及する場合があること、などが挙げられます。

現在の勤務先を見つけた経路（単一回答：%）

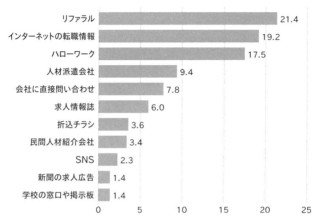

リファラル	21.4
インターネットの転職情報	19.2
ハローワーク	17.5
人材派遣会社	9.4
会社に直接問い合わせ	7.8
求人情報誌	6.0
折込チラシ	3.6
民間人材紹介会社	3.4
SNS	2.3
新聞の求人広告	1.4
学校の窓口や掲示板	1.4

（出所）ワークス研究所「全国就業実態パネル調査　2019 データ集」より作成

リファラル採用のメリット（%）

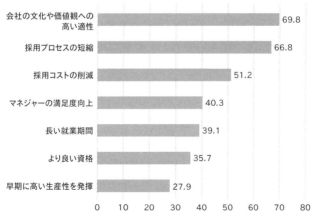

会社の文化や価値観への高い適性	69.8
採用プロセスの短縮	66.8
採用コストの削減	51.2
マネジャーの満足度向上	40.3
長い就業期間	39.1
より良い資格	35.7
早期に高い生産性を発揮	27.9

（出所）Jobvite, "Social Recruiting Survey 2011"

14 ワーク エンゲージメント

▶ 「活力」「熱意」「没頭」の3つの側面

　ワークエンゲージメントとは、仕事に関連するポジティブな心理状態のことを指し、オランダ・ユトレヒト大学のシャウフェリ教授らは、「仕事から活力を得ていきいきとしている（活力）」「仕事に誇りとやりがいを感じている（熱意）」「仕事に熱心に取り組んでいる（没頭）」の3つの側面によって特徴づけています。

　コミットメントや満足度などの類似の概念とは右図のような区別がなされています。

▶ さらなるポジティブを志向

　ワークエンゲージメントがメンタルヘルスとの関連で扱われる場合には、それを高めるための要素として「組織の資源」と「個人の資源」があるとされます。組織の資源とは、組織によって提供される個人の職務遂行を支援・促進するもので、金銭や人的支援もあれば、職場の良好な人間関係なども含まれます。「個人の資源」には、自己効力感、自尊心、楽観性などが含まれます。

　また、ワークエンゲージメントは、仕事のパフォーマンスや組織市民行動とよばれる職務以外での組織への貢献行動を向上させます。このため実務では、従業員が活躍できる状態にあるかを把握するという文脈で用いられることも多くあります。

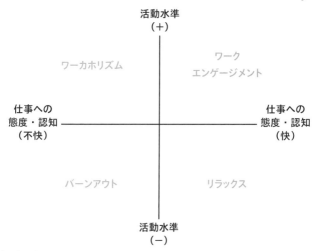

活動水準
（＋）

ワーカホリズム　　　　　　　ワーク
　　　　　　　　　　　　　エンゲージメント

仕事への　　　　　　　　　　　　　　　　仕事への
態度・認知　　　　　　　　　　　　　　　態度・認知
（不快）　　　　　　　　　　　　　　　　（快）

バーンアウト　　　　　　　リラックス

活動水準
（－）

（出所）島津明人.(2010).職業性ストレスとワーク・エンゲイジメント.
　　　　ストレス科学研究, 25, 1-6.

研究から見るワークエンゲージメントの先行要因と結果

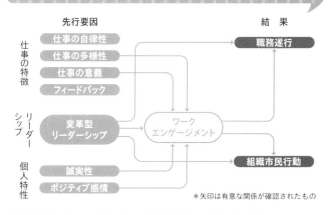

先行要因　　　　　　　　　　　結　果

仕事の特徴
- 仕事の自律性
- 仕事の多様性
- 仕事の意義
- フィードバック

リーダーシップ
- 変革型リーダーシップ

個人特性
- 誠実性
- ポジティブ感情

ワークエンゲージメント

職務遂行

組織市民行動

＊矢印は有意な関係が確認されたもの

（出所）Christian, Garza, & Slaughter (2011) の Figure 2 をベースに作成

ゆれる就職活動

　日本における就職活動は、近年大きな過渡期を迎えています。新卒一括採用の廃止議論、ジョブ型採用、インターンシップの拡がり、採用手法の多様化・ＩＴ化、少子化に伴う人材獲得競争の激化など就職活動を取り巻く環境は大きく変化しようとしています。こうした変化の流れは、2020年のコロナウイルス流行によって、ますます促進されるでしょう。

　人事の方の立場からすると、こうした変化に適応しながら、採用活動を行っていくことは、ますます難度が高くなっているように見えますが、採用活動の目的自体には大きな変化はありません。

　自社で活躍してくれる可能性の高い人材を採用し、自社で生き生きと働いてもらう。そのために、自社にフィットする人材像を定義し、集め、選抜する。本人の特徴を踏まえながら、入社後の適応を促進するような働きかけを行っていく——採用活動とは結局そうした営みであるとも捉えられます。

　環境変化の激しい中だからこそ、採用におけるＰＤＣＡを適切に回し、変化に対して柔軟に適応していくことが、今後より一層重要性を増していくことになるでしょう。また、リモートを前提とする面接など、採用手法が多様化する中で、どのように応募者個人の理解を深め、入社に導いていくかということも重要な観点になってくるのではないでしょうか。

第 2 章

育成と能力開発

15 社内教育体系

▶ その企業ならではの手法を構築

　複雑性や不確実性の高い環境において、企業が競争優位性を確保するために、教育体系を整備し人材を育成することが不可欠です。右図のとおり、教育は「OJT」と「OFF-JT」「自己啓発」に分けられ、社内教育体系「OJT」と「Off-JT」の設計が中心となります。

　企業が持続的に成長するためには、その企業ならではの人材像に照らして求められる役割・能力・スキルの定義とそれらの獲得ステップを明らかにしていく必要があります。教育体系が整備されていることは、採用活動においても大きなメリットとなり、諸外国に比べて転職者の少ない日本においては長期的なエンゲージメントやコミットメントを高める効果があると言えるでしょう。

▶ 主体的な学習を促す

　なお、社内教育体系の構築にあたり今日重視されているのは、研修の現場で学んだことが、仕事の現場で役立てられその効果が持続されていること、いわゆる学習移転（Learning Transfer）です。それらを踏まえた教育体系の設計と運用・効果測定に向けては、Off-JTとOJTとの有機的な連携を意図した上で、自己啓発＝主体的な学習を促すしかけを組み込んでいくことが期待されています。

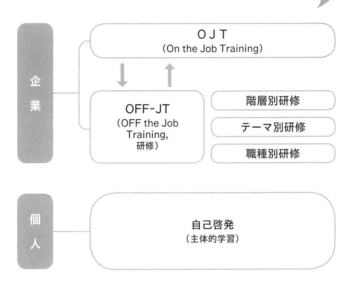

企業

O J T
(On the Job Training)

OFF-JT
(OFF the Job Training, 研修)

階層別研修

テーマ別研修

職種別研修

個人

自己啓発
(主体的学習)

教育体系構築のステップ

STEP 1 目指す人材像（組織像）を明確化する

STEP 2 現状を把握する

STEP 3 人材開発方針を策定する

STEP 4 組織機能、能力開発上の節目（重点階層）を明確化し
各層に求められる役割、要件等を整理する

STEP 5 重点階層の能力開発課題を明確化する

STEP 6 重点階層の能力開発を行う方法論を検討する

STEP 7 教育体系全体を整え、運用、実行計画を立案する

16 OJTとOff-JT

▶ OJTは社内教育の主流

　企業における人材育成手法はOJTとOff-JTに大別されます。OJTとは、On the Job Trainingの略で、職場で実際の業務を遂行しながら行われる教育のことを指します。反対に業務を離れて行われる教育はOff-JT（Off the Job Training）と呼ばれます。一般に、企業における教育ではOJTが9割を占めると言われており、職場での上司や先輩からの実地教育が人材育成の柱です。

▶ さまざまな形態のOff-JTが可能に

　Off-JTは職場で実施するのが難しい教育（たとえばコンプライアンス教育など）や、職場を超えて一括で実施したほうが効率的な教育に適用されます。OJTは教える側が教えられる側よりも知識・経験が豊富な場合に成立しますが、必ずしも教える側が知識優位ではない状況も生まれており、教えるのではなく気づきを引き出す手法も多用されるようになっています。

　また、ITの発達によりOff-JTも集合研修という形態だけでなく、Eラーニングやオンライン研修など目的に応じてさまざまな形態が選択されるようになってきています。さらに、今日ではOff-JTとOJTを連動させ、集合研修やEラーニング、コーチングなどを組み合わせた「ブレンド型学習」も行われるようになっています。

	OJT（職場内教育）	Off-JT（職場外教育）
教育形式	実際の業務遂行を通じた教育 上司や先輩からの直接指導 模範の提示、実行、フィードバック	職場外での集合研修やEラーニング、オンラインセミナー 講義、ケース研究、シミュレーション、グループディスカッション、相互フィードバックなど
教育内容	経験や勘、ノウハウなどの暗黙知の教育 繰り返し反復して習熟が求められるスキルの教育 状況に応じて臨機応変な対応が求められるスキルの教育	体系的、網羅的な形式知の教育 現状使われていない最新の知識やスキルの教育 既存の考え方や方法を見直したり変革するための教育
メリット	具体的な実務の中でリアルタイムに学べる 組織固有のバリューが身につく 指導者側も成長する 職場の人間関係が向上する	必要な事柄を体系的、網羅的に学べる 経験のあるなしにかかわらず一律に学ばせることができる 専門家による教育 一斉に実施でき効率的
デメリット	指導者に負担がかかる 指導者のレベルによる効果のばらつき 指導方法によっては人間関係が悪化	多くの場合、外部費用が発生 対象者の拘束による稼働時間減少 実践につながるかどうかは参加者次第

17 成人学習理論

▶ 6つの原則

　子供と成人とでは学習過程は異なるという立場から成人特有の学習の仕方を研究し体系化したものが成人学習理論です。企業人の教育には学校教育とは異なる方法論が必要なのです。「成人学習理論の父」と呼ばれるマルカム・ノールズは子供の学習理論がペダゴジーと呼ばれるのに対して、成人の学習理論をアンドラゴジーと呼び明確に区別しました。ノールズは「成人は自立した存在である」という信念のもとに成人を教育する際の原則として次の6つを挙げています。

①成人は学習にコミットする前に、学習から得られるメリットやしないことによるデメリットを知る必要がある（いったい私にとってどんな意味があるのか？）

②成人は自律的であり「自分のことは自分で決める」ことを尊重してほしいと望んでいる（押し付けには抵抗）

③成人は自分自身の過去の多様な経験を他人と共有し、振り返ることを通じて学ぶ

④成人は現実の人生をより効果的にするのに「役立つこと」を学びたいと思う

⑤成人は新しい知識やスキル、態度を実際の適用場面と結びつけて示されるときにより効果的に学ぶ

⑥成人は元来、自己有能感や仕事満足をより得たいという内的な意欲によって学習に動機付けられる

ペダゴジー（子供の教育）とアンドラゴジー（成人の教育）

	ペダゴジー（子供の教育） ギリシャ語の子供（paid）と指導（agogus）という2つの言葉	アンドラゴジー（成人の教育） ギリシャ語の大人（aner）と指導（agogus）とを組み合わせた言葉
スタイル	教師主導	学習者主導
学習者	依存的	自律的
リソース	教師や教材（学習者の経験に価値は置かれない）	学習者の経験を学習のリソースとして重視する
学習へのレディネス（心の準備）	年齢や発達段階に沿ったカリキュラムに基づく	現実の生活の中で、学習の必要性を感じることに基づく
時間軸	学んだことを後々応用するために蓄積する	学んだことを即時に応用したい
学習の方向	教科の修得	問題解決や課題の達成

（出所）「成人教育の現代的実践ーペダゴジーからアンドラゴジーへ」マルカム ノールズ（著），堀 薫夫（翻訳），三輪 建二（翻訳）風書房、「成人教育論と人材形成 -M.S. ノールズのアンドラゴジー・モデルとその批判を中心に」三原 泰熙 1990 年長崎大学学術研究成果リポジトリ、「組織における成人学習理論の基本」ウイリアム・ロズウェル著、嶋村伸明訳、ヒューマンバリューを参考に編集

18 成長を促す経験

▶ 人材育成論の基礎「70-20-10」

　リーダーシップ開発の研究から明らかになった知見で「70-20-10」「ACS」の2つのフレームワークがあります。「70-20-10」とは、ビジネスパーソンの成長を促す経験の70%は「現実の仕事経験」に、20%は「対人関係における経験」に、10%は「計画された学習経験（たとえば研修など）」にあるという発見で、人材育成施策を10%のフォーマルな学習機会だけでなく、育成的な仕事の付与（70）や周囲の建設的な関わりの促進（20）といったインフォーマルな学習機会まで含めて設計すべきであるという今日の人材育成論の基礎をなしています。

ACSの3つの要素

　「ACS」とはアセスメント、チャレンジ、サポートの頭文字をとったもので、どの種類の経験もこれら3つの要素があるときに成長が加速されるとされています。

　アセスメントの要素とは、経験の中に「個人が置かれている状況や現在の能力レベルなどに関するデータを受け取る機会が含まれている」ことを指します。チャレンジとは「個人が慣れ親しんだやり方や居心地の良い場所から一歩踏み出さざるを得ないような課題があること」です。サポートは、「学習や成長のための努力が『価値あることなのだ』というメッセージが得られること」です。

70-20-10の法則

現実の仕事 (70)	対人関係 (20)	(10)

計画された学習

（出所）Lombardo and Eichinger（2002）

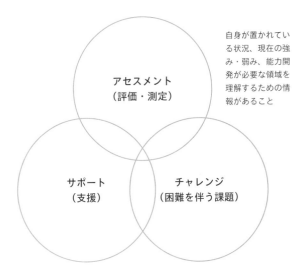

アセスメント
（評価・測定）

自身が置かれている状況、現在の強み・弱み、能力開発が必要な領域を理解するための情報があること

サポート
（支援）

チャレンジ
（困難を伴う課題）

努力が認められたり、評価されるなど、自身の変化を自覚できるような状況や周囲の支援があること

未経験のことや、困難を伴う取り組みなど自身の能力が試され、慣れ親しんだやり方から一歩踏み出さざるを得ないこと

（出所）*Handbook of leadership development*, Center for creative leadership,1998,
Jossey Bass より抜粋引用

19 経験学習理論

▶ 人は経験から深く学ぶ

　日常とは異なる場で知識や概念をインプットするのは真の学習とは言えず、日常の中の経験と内省を組み合わせることで人は深く学ぶことができるとする考え方が経験学習理論です。哲学者ジョン・デューイが提唱し、その後数多くの研究者が発展させてきました。経験学習理論はOJTをはじめとして多くの企業内教育の土台となっています。近年では特にリーダー人材の育成において経験学習への関心が高まっており、最もポピュラーなD.コルブの経験学習モデルが多用されています。

▶ 経験学習サイクルとは

　コルブの経験学習サイクルでは、具体的な経験をすることが出発点となります（経験）、次に経験を多様な観点から振り返り（省察）、そこから教訓にできることを自分なりに概念化し（概念化）、それを新しい状況で試してみる（実験）ことで、さらに次の経験と内省が生み出され学習が促されると考えます。

　経験学習サイクルに照らすと、同じ経験をしても学ぶ人と学ばない人がいるのは経験の振り返り方の違いであると見ることができます。多様な観点から経験を内省し概念化するプロセスは個人で行うよりもコーチやメンターなどの力を借りて行うほうがより効果的です。

経　験

現実の仕事で、
具体的な経験をする

実　験

仮説を別の場面で
試してみる

仕　事

省　察

経験を多様な観点
から振り返る

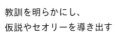

概念化

教訓を明らかにし、
仮説やセオリーを導き出す

（出所）Kolb, D.A.（1984）*Experiential Learning : Experience as the Source of Learning and Development.* New Jersey: Prentice-Hall　を基に編集

20 ワークプレースラーニング

▶「自ら非公式に学ぶ」活動に注目

　ワークプレースラーニングとは「職場で行われる公式、非公式の手段による知識・スキルの獲得のこと。正式な実地訓練と非公式な職場学習の両方を含む」（ILO 2009）とされており、職場を離れて仕事を中断したりせず、仕事を遂行しながら学ぶ活動全体を指します。

　OJTもその一形態であると言えますが、ワークプレースラーニングの概念では、日常の職場における他者との交流や仕事上で必要な情報の検索、ソーシャルメディア上での知識交換など、ビジネスパーソンが日常の中で「自ら非公式に学ぶ」活動により注目します。

▶ 環境づくりを重視

　背景には情報社会化の進展により、特定の知識を計画的に学ぶことよりも個々人が必要に応じてリアルタイムに活用できる知識を獲得することの有効性が高まっていること、またITの発達がそれを容易にしていることがあります。

　近年では欧米を中心に「ラーニングエコシステム」と呼ばれる、ビジネスパーソンが必要な学習リソースにいつでもアクセスできる環境づくりへの関心が高まっています。また、職場に学習を奨励する文化（ラーニングカルチャー）を形成することの重要性も強調されています。

伝統的な職場教育と今日的な職場教育

	伝統的な職場教育	今日的な職場教育
責任者	上司／育成担当者	ビジネスパーソン一人ひとり
学習目標	あらかじめ目標を設定	目標設定はない
タイミング	計画に基づく	計画はない
形式	指導者による主導	自主的学習
学習内容	全員一律 ストック	個人別 フロー
方法	OJT、勉強会、コーチングなど	会話、Google、Wiki、オンラインコミュニティなど

ラーニングエコシステム

現在の仕事での能力向上
新しい仕事への準備

タレント
マネジメント

スキルの強化
資格取得

タスクの完遂
意思決定

構造化された
学習

昇進

パフォーマンス
サポート

訓練　　　　業績

Learning Culture
学習奨励文化

共有　　　　探求

ソーシャルネットワーキング
と協働

諮問

ナレッジ
マネジメント

経験を議論する
アイデアを交換する

情報を調べる
ツールにアクセスする

専門家への
アクセス

質問する
指導を受ける

（出所）Beyond Competence:The Journey from Novice to Mastery
Marc J. Rosenberg, Ph.D. ATD International Conference and Expo
Orlando, May 17, 2015 資料を翻訳

21 アセスメントセンター方式

▶ シミュレーションを通じた能力の評価

　アセスメントセンター方式（assessment center method）とは、主に擬似的なシミュレーションアプローチにより、マネジャーやリーダーとしての実践的な能力やスタンス、リーダーシップ能力を評価する手法です。

　一般的に、集合研修形態で複数日実施されることが多く、参加者は複数の課題演習に取り組み、その中でみられたアウトプットや行動を訓練された専門のアセッサー（評価者）が評価し、定められた能力やスタンスの要素に沿った評定を導き出します。日本では、ミドルマネジャー層の昇進・昇格選考、中堅社員以上の能力開発施策の一環として多く用いられています。

▶ 構造化されたプログラムが重要

　具体的には、右図のように複数のアクティビティを組み合わせてプログラム化されることが多く、アセスメントのみならず気づきや能力開発を促すセッションが含まれていることもあります。

　近年では、ＩＣＴ化の流れの中で、ウェブ上のシミュレーションのみで完結する形態のもの、集合研修の形態を採りつつ、入出力をＰＣ化・タブレット化することで、思考・行動ログを取得し、アセスメント精度を向上させる試みが展開され始めています。

アセスメントセンター方式のプログラム例

（レビュー＆チャレンジプログラム）

	午　前	午　後
1日目	● オリエンテーション ● 相互理解 ● 管理者の要件	● アクティブ・ 　シミュレーション I ・案件処理 ・現状把握 ● プロセス・レビュー I ・グループ討議 　（夕食休憩含む） ・発表・討議・解説 ・自己の現状の振り返り
2日目	● アクティブ・ 　シミュレーション II ・情報収集・課題発見 ・目標・方針決定 ・対策立案	● プロセス・レビュー II ・解説 ・グループ討議 ・プレゼンテーション 　（夕食休憩含む） ・振り返り討議・解説
3日目	● レビュー＆チャレンジ ・2日間を振り返り 　自己の現状整理 ・「私のチャレンジ目標」の 　設定	● レビュー＆チャレンジ 　続き ・発表とアドバイス ・職場実践に向けて

（2日目の午前と午後の間に「昼食」あり）

22 360度フィードバック

▶ 広範な意見を反映

360度フィードバックとは、ビジネスパーソン（特にマネジャー）のパフォーマンスについて広範囲な仕事仲間からの意見を匿名アンケートで収集し、結果データを本人に開示することで能力開発や行動変容を図る育成手法です。意見を収集する相手は同僚、直属の部下、上司などが一般的ですが、顧客など組織外の人が含まれる場合もあります。対象者も自身のパフォーマンスについて自己回答するため、自身のパフォーマンスに関する「自己認知」と「他者認知」の双方のデータからより望ましいあり方を探求することになります。

▶ 活用には注意が必要

360度フィードバックは、
①対象者に日常では得にくい内省の機会をもたらす
②対象者が気づいていなかった強みや課題の発見につながる
③対象者のパフォーマンスが向上する
④組織の関係性開発につながる
といったメリットがあり広く活用されています。しかしながら、自己の認識と他者の認識とのギャップに心理的ストレスを生じる場合も多く、活用する場合には専門的な教育を受けたトレーナーやコーチが必要です。

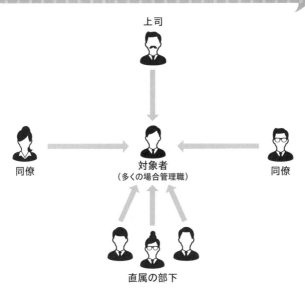

無記名式のアンケートで意見収集

上司

同僚 → 対象者（多くの場合管理職） ← 同僚

直属の部下

360度フィードバックのメリットとデメリットおよび注意点

メリット	デメリット
・対象者に、日常の慌しさの中では得にくいリフレクション（内省）の機会をもたらす ・対象者本人が気づいていなかった強みや課題の発見を促すことができる ・対象者のパフォーマンスが向上する ・（ツールを基に周囲とコミュニケートすることで）組織の関係性開発につながる	・アンケートの設計と運用にパワーがかかる ・目的が正しく理解されないと正しいデータが得られない ・専門的な教育を受けた人の支援が得られる環境がないと心理的不全感に陥る対象者が発生する場合がある ・アンケート結果を直接人事評価に使うなど誤った運用をすると本来の効果が損なわれ組織にも悪影響を及ぼす ・アンケート結果の活用を対象者任せにしてしまったり、結果がどのように活用されたかが回答者に知らされない場合、形骸化する

（出所）『リーダーシップ開発ハンドブック』シンシア・D. マッコーレイ、エレン・ヴァン ヴェルサ、ラス・S. モクスレイ他著、金井壽宏（監訳）、嶋村伸明（翻訳）白桃書房を参考に作成

23　1 on 1

▶ 従業員のエンゲージメントを高める

　1 on 1（ワン・オン・ワン）とは、上司と部下の間で、特定の用件がなくとも定期的に行う対話のことを指します。対話の時間は30分から1時間程度、頻度は週1回〜月1回程度が一般的です。業務のIT化による組織内での直接コミュニケーション機会の減少やミレニアル世代の台頭を背景に、従業員のエンゲージメントを高める手段として米国を起点に普及してきました。

▶ 業績管理の場ではない

　導入のメリットとしては「問題の早期発見」「従業員のリテンション（定着）促進」「組織パフォーマンスの向上」などが挙げられています。1on1はメンバーが固有の強みを発揮しながら生き生きと働けるよう学習と成長の支援をする場であり、業績管理をする場ではありません。したがって、効果的な1 on 1を組織に根付かせるためには、上司側にもメンバー側にもその目的を周知し、実践と継続を支援するためのリソースや仕組みの提供など組織全体としての環境を整備することが重要です。

　特に、上司側にはメンバーの仕事を通じた経験学習を支援するスキルが必要です。上司に求められるスキルには「傾聴スキル」「質問スキル」「承認スキル」「フィードバックスキル」などがあります。

1on1ミーティングで扱うテーマの分類と上司の多様な関わり方

扱う主要なテーマの分類

	現在	未来
仕事	業務上の問題・課題 —トラブル解決 —進捗共有	未着手の問題・課題 —現状分析支援 —企画立案・構想支援
人	コンディション —不安・悩みの解消 （体調／プライベート／ 人間関係など）	キャリア・能力開発 —キャリア自律支援 —行動と学習の促進

↑

上司の関わり方

事柄への働きかけ

ティーチング 知識・スキルを 与える	コンサルティング 現状把握・課題設定 を支援する
カウンセリング 自己受容・自己理解 を促す	コーチング・ フィードバック 意識・行動変容を促す

現在 ← → 未来

人の内面への働きかけ

(出所) リクルートマネジメントソリューションズHP特集記事（2019年1月11日）「『1on1ミーティング』とは？対話する組織をつくる1on1ミーティングの戦略的活用に向けて」
https://www.recruit-ms.co.jp/issue/feature/0000000726/

24 アクションラーニング

▶ 仮説・実行・振り返りで学習する

アクションラーニングは「グループで現実の問題に対処し、その解決策を立案・実施していく過程で生じる実際の行動とそのリフレクション（振り返り）を通じて、個人、そしてグループ・組織の学習する力を養成するチーム学習法」（日本アクションラーニング協会）で、問題解決のための仮説の構築→仮説の現場での適用・実行→実行プロセスと結果の振り返りと新たな仮説構築→新たな仮説の適用・実行という学習サイクルで運営されます。

仮説構築と振り返りは、オフサイト（現場から離れた場）で行われ、仮説の適用・実行はオンサイト（現場）で行われます。現実の問題解決と解決者の学習を同時に実現できることが最大のメリットです。アクションラーニングには次のような要件が必要です。

①個人や組織が現実に直面している重要な問題を扱い、解決に責任を持たせること

②問題の関係者であり、かつ多様なバックグラウンドを持つ4〜8名の小グループで実施すること

③質問と対話によるリフレクションを重視すること

④解決のための行動を起こすこと

⑤問題解決と学習の双方に等しく価値を置くこと

⑥プロセスを効果的に支援するファシリテーターを確保すること

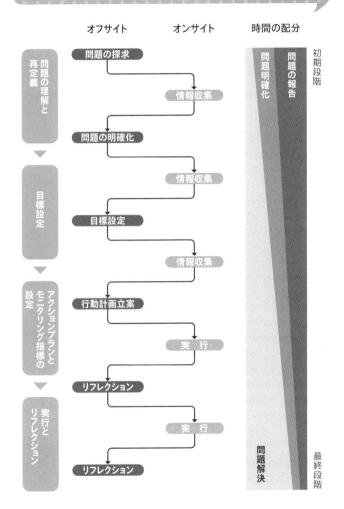

アクションラーニングの展開プロセスイメージ

オフサイト　　オンサイト　　時間の配分

問題の理解と再定義

- 問題の探求
- 情報収集
- 問題の明確化

目標設定

- 情報収集
- 目標設定

アクションプランとモニタリング指標の設定

- 情報収集
- 行動計画立案
- 実 行

実行とリフレクション

- リフレクション
- 実 行
- リフレクション

初期段階　問題の報告　問題明確化

最終段階　問題解決

（出所）『アクションラーニング研修マニュアル』マイケル・J. マーコード（著），
　　　　アクションラーニング研究会（著）（2001）を参考に作成

25 学習移転

▶ 60%の人は実践しない

多くの研修がやりっぱなしになっていることへの問題意識から学習移転に注目が集まっています。

平均的な調査結果では研修後に学んだことを実践する人の割合は15%〜20%であり、60%の人が「実践しようとするものの、何らかの理由で実践しない」ことがわかっています。学習移転はこの60%の人々に実践させるための手段を講じることであり、そのための知見やフレームワークを活用することです。研究から、学習移転には、研修の目的の理解度、研修内容の適合度、研修終了時の実践意欲、周囲の人々の関わり、そして研修後の変化の実感が強く影響することがわかっています。

▶ 上司を巻き込むことが重要

特に上司の関わりの影響は大きく、研修前後から上司を巻き込んでおくことが学習移転を促進します。また、研修後に一定の間隔で学んだことをリマインドさせることが学習の定着を促すこともわかっており、「2−2−2アプローチ（研修後のフォローアップは2日後、2週間後、2カ月後のタイミングで行うのが効果的）」と呼ばれるフォローアップ手法が普及してきています。学習移転を促す研修設計のガイドラインである「6Dモデル」もグローバルなレベルで活用されるようになっています。

学習移転の阻害要因と促進要因

	阻害要因	促進要因

研修前

阻害要因
- 研修のねらいと受講者の状況が合わない
- 上司が当該研修に無関心
- 受講者が研修の目的を理解していない

促進要因
- 研修のねらいと受講者の状況の合致
- 上司の研修目的理解やコミットメント、部下への動機付け
- 受講者本人の目的意識、参加理由の自覚

研修中

阻害要因
- 受講者が参加に後ろ向き
- 研修プログラムが受講者にアンマッチ
- 受講者の実態を踏まえないトレーニング

促進要因
- 受講者の積極的参画
- 適切な研修プログラム
- 受講者の職場実態とプログラムとを「つなぐ」トレーニング

研修後

阻害要因
- 実践機会がない
- 上司・周囲の理解や支援がない
- 職場の実務とつながっていない

促進要因
- 実践する機会、場の存在
- 上司や周囲の理解・支援
- 適切なタイミングでのリマインド、振り返り
- 受講者同士での交流、刺激
- 疑問や悩みの解消
- 決めたことは「やるものである」という認識

(出所)「効果があった！」と言われる研修実施のために　リクルートマネジメントソリューションズホームページ特集記事（2011）、および集合研修の転移に関する実証研究1－マネジメントの基礎研修を用いた検討－
今城志保、佐藤裕子、宮澤俊彦　リクルートマネジメントソリューションズ組織行動研究所（2015）産業・組織心理学会　第31回年次大会より

26 研修効果測定

▶ 4つのレベルで測定

研修効果とは、受講者が研修で学んだことを職場に戻って実践し、研修の目的が達成されることです。したがって、研修終了時の満足度アンケートだけでは、本当の意味での研修効果を測ることはできません。

研修後に受講者がどのような実践をし、本人や職場にどのような変化が表れているかを捉えることで真の効果を測定できると同時に向上策を練ることができます。

研修効果測定で最も活用されているのがカークパトリックモデルと呼ばれるもので、研修効果を4つのレベルで測定します（右図参照）。4つのレベルは研修実施後にアンケートやインタビューによって測定しますが、当然ながら研修前に各レベルで目標とする状態を設定しておかなければなりません。つまり、研修効果測定は研修を企画する段階で組み込まれておくべきものです。

▶ 効果と負担のバランスをとる

必要以上の調査は受講者にも負担をかけるため効果測定ではいかにバランスをとるかが重要です。特にレベル4の測定には相当の専門性とコストを要するため、すべての研修でレベル4を測定することは奨励されていません。近年ではLMSなどを活用して自動的にレベル3までのデータを収集する仕組みも登場しています。

カークパトリックの4段階モデル

レベル	測定項目	測定手法
レベル1 **反応（Reaction）** 参加者は学習イベントにどれくらい好反応を示したか？	・満足度 ・有用度 ・自己効力感 ・自信	・クラスでの反応アンケート ・フォローインタビュー
レベル2 **学習（Learning）** 意図した知識、スキル、態度はどの程度獲得されたか？	・学習内容 ・知識・スキルの獲得度	・テスト（プレ・オン・ポスト／知識・スキル・パフォーマンス） ・成果物評価
レベル3 **行動（Behavior）** 学んだことを職場に戻ってどの程度適用／活用したか？	・学習したことの活用度・実践度	・アンケート ・360度評価 ・インタビュー ・行動観察
レベル4 **成果（Results）** 目標とした成果はどの程度達成されたか	・売上・利益 ・生産性 ・従業員満足度 ・退職率	・専門家の評価 ・パフォーマンスレビュー ・統計解析 ・コントロールグループとの比較

（出所）ATD International conference and exposition 2014 TU201：Future Leadership Perspectives From the Next Generation of Thought Leaders　Kirkpatrick, J.D.　の一部資料、および「研修効果測定の基本~エバリュエーションの詳細マニュアル~（ASTD グローバルベーシックシリーズ）」ドナルド・マケイン、霜山 元　ヒューマンバリュー、「研修開発入門「研修転移」の理論と実践」中原 淳 , 島村 公俊他　ダイヤモンド社を参考に作成

27 インストラクションデザイン

▶「ADDIEモデル」とは

インストラクションデザイン（以下ID）とは、米国で開発された効果的で効率的、かつ魅力のある教育機会を設計・開発するための体系立ったノウハウのことです。学習者の行動変容を目的として、研修の内容だけでなく参加対象者のニーズ分析から研修の効果測定、改善までの一連のプロセスをシステム的に捉えて設計します。

最も代表的なモデルが「ADDIE（アディー）モデル」で、これは「Analysis（分析：課題を明らかにし、研修の期待ゴールを決める）」「Design（設計：適切な介入策とコンテンツを設計する）」「Development（開発：研修プログラムと教材を開発する）」「Implementation（実施：研修を運営し改善する）」「Evaluation（評価：ゴールの達成度合いを評価する）」の頭文字をとったモデルです。

▶ 継続的な改善を図る

ADDIEモデルでは一般的にAの分析に最も時間をかけます。対象者の状況や特徴と最終的なゴールが明らかにならなければ研修の設計のしようがなく、研修効果として何を測定すればよいかもわからないからです。また、研修以外に必要な施策を見逃してしまうことにもなります。図にあるように学習機会をシステム的に捉えて継続的な改善を図ることがIDの本質です。

ADDIEモデル

Analysis（分析）
課題を明らかにし、
研修の期待ゴールを決める

- 研修が必要な要因は何か？
- 研修で解決可能な課題か？
- 開発が期待できる知識、態度、スキルは何か？
- 実践に必要な条件と研修後の強化策は？
- ※ ADDIE の中で最も労力をかけるプロセス

Design（設計）
適切な介入策と
コンテンツを設計する

- 対象者の状態は？
- 置かれている状況は？
- 学習領域は知識、態度、スキルのいずれが中心となるか？
- 学習目標は？
- 学習目標を達成するのに必要なコンテンツは？
- 学習目標を達成するのに必要なプロセスは？
- 研修前後に必要な介入策は？

Development（開発）
研修プログラムと
教材を開発する

- 学習目標を達成するために、どのような研修形式、手法、アクティビティ、ツールが有効か？
- それらをどのように組み合わせると効果的か？
- 対象者が好むメディアや学習を促す環境は？

Implementation（実施）
研修を運営し改善する

- 学習目標は妥当か？
- アクティビティやツールは設計意図どおり機能しているか？
- 成人学習理論に基づいた適切で効果的なファシリテーションが行われているか？
- 時間やファシリティは適切か？

Evaluation（評価）
ゴールの達成度合いを
評価する

- カークパトリックの4段階モデルによる評価
- 次に改善すべきことの特定（発展的評価）
- 投資を継続するかどうかの評価（総括的評価）

見直しと改善

28 ケーススタディ

▶ 理論だけでは実践できない

　ケーススタディとは「ある事例を具体的に調査・分析して、一般的な法則・理論を発見しようとする方法」のことをいいます。社会科学における研究方法の一つですが、今日では教育を目的としたケーススタディがビジネススクールや企業内教育で広く行われています。

　その理由は、読書やレクチャーによって経営管理に関する理論を学んでも、実際のビジネスではさまざまな要素が複雑に絡み合った局面での総合的な判断力が求められるため、理論だけでは実践ができないからです。

▶ 集団のほうが学習効果が高い

　ケースには、実際に起こった事実の記述や教育のために作られたストーリー、シミュレーションなどさまざまなものがあります。また、近年では印刷物だけでなく動画やオンライン上で提供されるものもありますが、どのような形式であっても教育の目的に沿って具体的な出来事や事実が提示されていることが必要です。

　ケースで描かれている状況に対して「自分であればこうする」という行動を理由とともに決定する体験を通じて、さまざまな局面での実践力を高めます。ケーススタディはひとりでもできますが、集団で専門の教育を受けた人によって展開されるほうが学習効果が高まります。

自社ケースのメリット・デメリット（一般的なケースとの対比から）

	メリット	デメリット	有効な場合
自社独自作成ケース	1. 現実的な議論ができ、学習成果を現実に適用しやすい 2. ケースの内容を理解する負荷が低い	1. 対象者がよく知っている状況であるがゆえに、本来議論してほしい論点に到達せず、陥路に入ることがある 2. 評価的な態度になってしまい、期待した学習が起きない場合がある 3. 企業内の特定の職種／立場にいる人が知識面で有利になってしまい、学習目的が達成されないことがある 4. ケース作成に工数とコストがかかる	・ 自社の実際の失敗のケースから教訓を学ぶ ・ 創業者の意思決定や社史から企業の経営理念やバリューを理解する
既成のケース	1. 情報や知識の格差がないため、対象者が同じ情報を基に、対等な議論ができ、相互学習が起きやすい 2. 本来の論点に沿って議論を進めやすく、期待する学習ゴールに到達する確率が高い 3. 学習してほしいことに対して必要最低限の情報提供ですむ（ケースが短くなる） 4. ケース作成に工数とコストを割く必要がない	1. ケースに取り組む目的と意味を伝えてから進めないと、取り組み意欲や集中力が高まらない場合がある 2. 全く想像がつかない業種だと議論が端緒につかず空論になることがある	・ 学習してほしい論点が明確なとき ・ 対象者個々人の多様な見方や判断を出して相互学習を起こしたいとき ・ ケースについての議論のプロセスをも学習題材とするとき ・ アセスメント研修など対象者の能力を測定したい場合

（出所）リクルートマネジメントソリューションズ資料より

29 ファシリテーション

▶ 人々の活動を支援する

ファシリテーションとは、「容易」を意味するラテン語facileを語源とする言葉で、「人々の活動が容易にできるよう支援し、うまくことが運ぶよう舵取りすること。集団による問題解決、アイデア創造、教育、学習等、あらゆる知識創造活動を支援し促進していく働き」（日本ファシリテーション協会）とされています。

1950年代に人間関係トレーニングで行われるようになり、その後、ファシリテーションを行う専門性を身につけた教育スタッフをファシリテーターと呼ぶようになりました。

▶ 全員の主体性と知恵を引き出す

今日、ファシリテーションは教育の専門家だけでなく組織のリーダーにも必要なスキルとなっています。「答えが見えない時代」と言われるように、問題が複雑化し、ひとりで問題を解決したり専門家が正解を出したりできない状況では、関係者全員の主体性と知恵を引き出し、より創造的で望ましいゴールに導く「舵取り」がチームや組織のパフォーマンスを左右するからです。

ファシリテーターの役割は「スタンス」「デザイン」「場づくり」「整理分析」「合意形成」で構成されます。

ファシリテーションのビジネスへの応用例

目　的	事　例
ビジョン・ミッションの策定	経営ビジョン、プロジェクト・部門のミッション
戦略・事業計画の策定	経営戦略、事業戦略、中長期経営計画
業務プロセスの改善	企業改革、組織改革、業務改革、改善
チームビルディング	チームの活性化、新任リーダーの受け入れ
アイデア発想	新商品開発、コストダウン、マーケティング
チームビルディング	チームの活性化、職場風土改革
原因解析	事故解析、問題解決、品質改善
リスク分析・管理	コンプライアンス、プロダクト・リライアビリティ、新事業開発
戦略・事業計画の策定	経営戦略、事業戦略、中長期経営計画
人事関連	人事アセスメント、フォローアップ
研修・トレーニング	ベーシックビジネススキル、リーダーシップ

(出所)「組織を動かすファシリテーションの技術」堀公俊著、日本ファシリテーション協会監修
　　　PHP研究所より

ファシリテーションの構造とファシリテーターの役割

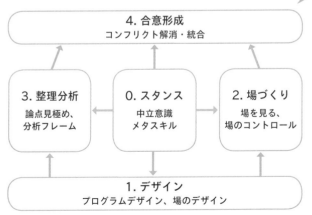

「ファシリテーター型リーダーの時代」フラン・リース、黒田由貴子訳、
プレジデント社（2002）等を参考に作成

30 コーチング

▶ 主体的な行動を支援

　コーチングの統一的な定義はありませんが、企業の人材開発の分野では「教える（Teaching）」行為と対比して、対象者自身が「答えを導き出す」ことを支援するコミュニケーション技法、または育成手法と考えるのが一般的です。コーチングでは、「答えは個人の中にある」という考えを前提にパフォーマンスの改善や成長に向け「個人が主体的に行動を選択する」のを手助けします。

　コーチングが1990年代後半から産業界に普及するようになった背景にはビジネスサイクルの短期化、環境の複雑性と不確実性の増大により、いわゆる「正解のない時代」に入ったこと、また知識労働化と業務の専門化によって従来型の「教える」行為を中心としたOJTが成立しにくくなったことがあります。

▶ 組織全体での取り組みを

　一般的には専門教育を受け経験を積んだコーチがコーチングを行いますが、近年では組織のマネジャーにコーチングのスキルを学んでもらい、メンバーの成長支援を図る企業も増えています。ただし、コーチングの有効性はコーチングを受ける側の手法に対する理解度、コーチとの相性や信頼関係、組織風土などによって左右されるため、組織全体での取り組みが必要です。

ティーチングとコーチングの違い

	ティーチング	コーチング
コミュニケーションの特徴	相手に知識や方法を「教える」	相手の意欲や能力を「引き出す」
特に有効な業務や対象者	・「重要かつ緊急な」仕事の目標達成支援 ・職務遂行に際して求められる「最低限の知識・スキルを備えていない相手」の育成支援	・「重要だが緊急ではない」仕事の目標達成支援 ・職務遂行に際して「意識や意欲が下がっている相手」の育成支援

どちらの手法が正しいということではなく、課題の緊急度合いや
相手の成熟度の観点を踏まえて使い分けることが重要

コーチングの基本モデル（GROWモデル）

G

Goal：目標を明確にする
最終的に達成したい状態を具体的にイメージする

R

Reality：現状を明らかにする
目標に向けてこれまでどんなことをしてきて、結果として目標にどの程度近づいているかを明らかにする

Resource：使える資源を認識する
目標にさらに近づくために使える資源にはどのようなものがあるかを考える

O

Option：選択肢を考える
目標達成に向けてできることについてアイデアを出し、複数の選択肢を考える

W

Way forward：前に進む方法を見つける
自分がやりたいという意思を伴うアクションを決めて具体化する

（出所）Association for talent development (ATD) 会員向けホームページおよび Wikipedia を
参考に作成

31 ラーニング・マネジメント・システム

▶ eラーニングの基盤

　ラーニング・マネジメント・システム（Learning Management System：LMS）あるいは学習管理システムとは、eラーニングを支えるプラットフォームです。

　LMSは、受講者がeラーニングなどを受講するための受講機能、受講者と講座の紐付けなどを行う受講者管理機能、個々人の学習の進捗や履歴を管理する進捗管理機能、教材を開発・配布したり管理したりする教材管理機能、講師と受講者や受講者同士がコミュニケーションをするためのチャット機能などから成り立っています。

▶ さらなる進化に期待

　LMSを導入することによって、受講者管理のような事務局の業務の効率化が図られます。また、学習に用いるコンテンツのユーザー・インタフェースを向上させたり、進捗・履歴に応じたタイムリーな介入を行ったりすることで、受講者の学習のしやすさや効果を向上させることもできます。eラーニングと集合型研修を融合したブレンディッド・ラーニングや反転学習も実現しやすくなります。

　今後は、受講者個々人によりフィットした学習を提供するためのアダプティブ・ラーニングやVR活用などによるさらなる進化が期待されます。

学習　　　　　　　　　　　教材配信

受講者　　　　　LMS　　　　トレーナー

回答　　　　　　　　　学習履歴確認

受講状況確認　　　　　　　　受講者登録

管理者

本質的には、管理ではなく、支援の仕組みです。個々人の学習状況が把握しやすくなり、成長の支援がしやすくなります。

32 アダプティブ・ラーニング

▶ 個人に最適化された学習を実現

　アダプティブ・ラーニングとは、学習者の得意・不得意、また学習進捗状況や個性に応じて、個人別に最適化（パーソナライズ）された学習を実現するための仕組みです。指導者が学習者の特徴を捉え、それに合わせた指導を行うことは、指導者と学習者の双方向で情報のやり取りがある学習において、程度の多少はあれ、行われています。しかし、時間的な制約や、指導者の力量による精度のばらつきにより、十分に機能していないこともあります。アダプティブ・ラーニングは、このような問題に対応する一つの方法です。

▶ 企業内教育でも導入へ

　具体的には、テストなどにより取得された学習履歴データを活用し、個人別に間違えやすい苦手領域の学習コンテンツを提供する取り組みなどがあります。

　アダプティブ・ラーニングは、学習ステップの具体化や、学習履歴と学習成果の関係性を捉えることにより、効果を高めることができます。ビッグデータやAIが活用されるケースもあります。導入により、学習者の学習効果の向上、教育コストの適正化などが期待されます。

　現状では、学校教育が中心で企業内教育での導入事例はまだわずかですが、活用範囲の拡大が期待されます。

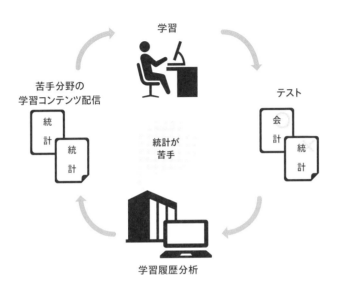

学習

テスト

苦手分野の
学習コンテンツ配信

統計が
苦手

学習履歴分析

自分の得意・不得意が改めてわかります。そのうえで、優先して学ぶべきことを学べるので、とても有効です。

リモートワークで育成はできるか

リモートワークの拡大により、対面でのOJTや集合研修が中心だったOff-JTを見直さざるをえなくなっています。

人材・組織開発における世界最大の会員制組織ＡＴＤの2020年の世界大会では世界中のプロフェッショナルがバーチャルで集い、この問題について議論しました。

テーマは大きく２つありました。１つはバーチャルクラスの効果的な運営で、ポイントは参加者のエンゲージメントをいかに維持するかです。これには最適なメディアのミックスや４分おきにアクティビティを入れるといったテクニックも必要ですが、もっとも重要なのは対象者が求めているものを提供できているかどうかだという点が強調されていました。つまり、パフォーマンスを高めるために学習者が今本当に必要としていることは何かを知ることです。

もう１つのテーマはバーチャルチームの主導で、強調されていたのはリーダーがチームの一人ひとりを「信頼している」というサインを出し続けることの重要性です。そこで必要になるのは、Empathy（真に相手の状況を理解しようとすること）、Compassion（思いやり）、Vulnerability（弱さをさらけ出せる勇気）であり、ポジションではない一人の人間としての「オーセンティック（真正）」なリーダーシップだということでした。

このようにみると、バーチャルで求められることは本来重要だったことを徹底することだといえるでしょう。

第 3 章

組織開発と
関係性構築

33 個と組織

▶ ダイナミクスが重要

組織は、個人が集まって形成されるものである一方、そこで働く個人に影響を与える存在でもあります。

組織の定義はさまざまですが、バーナードは、複数の人間が協力して一つの目的のために働く（協働する）仕組みとして組織を捉えています。つまり、組織を個人の単なる集積として捉えるのも、実態を持った主体として捉えるのも、それだけでは不十分で、そこで生じる相互作用や協働のダイナミクスが重要だということです。

▶ 「創発」が起きるかどうか

複数のメンバーが相互作用をするとき、それを通じて個人個人の特性の単純な総和からは予測できない状態が組織全体に生じることがあります。これは「創発」と呼ばれています。このことは、平均的な個人が集まった組織が優秀な成果を上げる一方で、優秀な個人が集まっているのに全体としては平凡な成果になるといったことが現実によく見られることを考えるとわかりやすいでしょう。こうした「創発」は、組織の理解を複雑にする一方で、組織で働く面白さを表すものでもあります。

組織について考えていく際には、そこで働く個人と組織全体とを関連付けて見る視点を持つことが欠かせません。

個と組織のダイナミクス

組　織

個人が集まり組織となり、　個人は組織に影響される

個　人

バーナードによる組織の成立条件

コミュニケーションが
取れること

協働する意欲が
あること

共通の目的を
持っていること

（出所）C.I. バーナード『経営者の役割』（1968）　ダイヤモンド社

34 組織の設計・構造

▶ 分業と統合の設計

　組織の設計とは、分業と統合をどのように行っていくかというデザインのことです。

　分業は、組織で行われる協働の特徴の一つです。アダム・スミスが説明したように、分業によって組織の生産効率は飛躍的に向上しました。たとえば、フォードの大量生産は、各労働者がクルマ全体ではなく定められたパーツのみを分担して作ることによって可能になったと言われています。しかし、その一方で、分業を取り入れた組織は、分業の結果を組織全体で統合していく必要があります。フォードの場合は、各パートに分かれるだけでなく、ベルトコンベアによって各パートをつなぐことによって、全体としてクルマを製造しています。

▶ 目的達成にどう取り組むか

　このような分業と統合の設計は、どのように組織がその目的達成に取り組むかというやり方そのものです。そのありようは、直面する外部環境の状況や内部の状態によって異なり、組織の構造に反映されることになります。そうした設計・構造の例としては、製造や開発といった機能部門ごとに業務が集められる部門別（機能別）組織や、市場や顧客ごとに必要な業務が集められる製品別組織（事業別組織）などが代表的です。

事業別組織

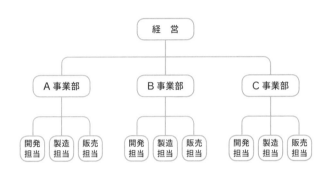

機能別組織

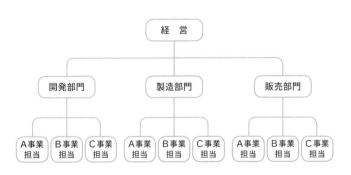

35 協働の問題

▶ 問題が生じる背景

複数の個人が集まって協働をしていく際には、さまざまな問題が生じます。そこで働く人々の利害が多様であり、しかも組織の利害とも必ずしも一致しないというのがその背景です。そのような協働に伴って生じる問題は、集合行為問題とも呼ばれ、広く社会科学一般の大きな課題として、近年大きく研究が進んでいる分野になります。

▶ 協力問題と調整問題

組織の中の協働における問題は大きく２種類があることが知られており、それぞれ「協力問題」と「調整問題」と呼ばれます。前者は、フリーライダー問題とも呼ばれ、集団の中での「サボり」の問題です。組織内の仕事が代替的である（自分がやらなくても他の人が代わりにやることができる）場合に生じます。それに対して、後者は、コーディネーション問題とも呼ばれ、個々のメンバーのインプットを組織として統合していくための調整の仕組みに関するものです。各人の仕事が補完的である（仕事の完成にはどの人の業務も必要不可欠である）場合に生じます。

このように性質の違う問題が生じることが協働を難しくする原因の一つであり、こうした問題にどのように対処していくかが組織設計のポイントの一つです。

自分だけ手を抜いても
ばれないのでは……
でも皆が手を抜くと
進まない……

協力問題

漕ぎ手の息を
うまく合わせないと
効率的に
進まない……

調整問題

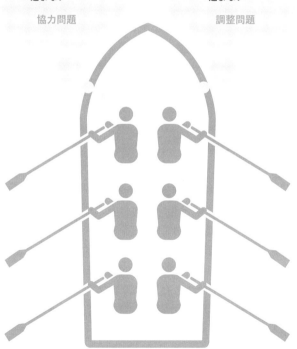

36 組織開発

▶ 効率性を上げる試み

　組織は共通の目的を持った人々の協働によって存立するため（→個と組織）、より効果的・効率的にその目的を達成できるようにしていくことは組織の存在意義に関わります。そのような組織の効果性を上げるための試みは「組織開発」と総称され、注目を集めています。

▶ 2つのアプローチ

　組織開発には大別して2つのアプローチがあり、一つは仕事の仕方を変えていくというものです。これは、職場（グループやチーム）の業務設計や組織の構造に対しての働きかけを通じて組織の効率性を高めていこうという考え方であり、比較的マネジメント視点の「ハード」寄りのアプローチと言えます（→組織の設計・構造）。

　もう一つは、仕事を進める人々のコミュニケーションのあり方を変えていくというもので、メンバー間の関係性や風土の改善などを含みます。これは、より対人関係や組織メンバーそれぞれの主観的な現実認識に根差した現場起点の視点であり、「ソフト」寄りのアプローチとなります。後者については特に「対話型」と呼ばれることもあります（→対話型組織開発）。

　こうしたアプローチを、状況に応じて組み合わせることで、組織が生み出す価値を高めていくことができます。

人材開発との対比で見る組織開発

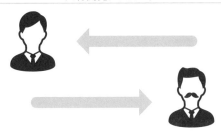

人材開発アプローチ

個人を対象に施策を展開

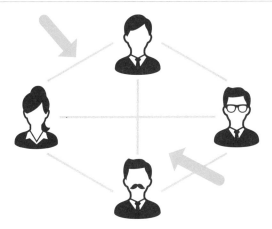

組織開発アプローチ

組織の仕事の仕方を対象に施策を展開（ハード）
and/or
対人関係のあり方を対象に施策を展開（ソフト）

（出所）人事による「組織開発」というアプローチ 人事の新たな武器「組織開発」とは何か？
https://www.recruit-ms.co.jp/issue/feature/0000000112/2/
を基に筆者作成

37 組織変革

▶ トップダウンが主流

　組織がその目的を達成し続けるためには、環境の変化などに合わせて、組織自体が変化していく必要があります。

　そうした変化を意図的に起こそうとする試みを、特に組織変革と呼び、漸進的な変革と急進的な変革があるとされます。同種の試みである組織開発が比較的ボトムアップ・分権的な改善を指すことが多いのに対して（→組織開発）、組織変革はトップダウン・集権的なアプローチを指すことが多く、リーダーが主導した変革がどのように受け入れられ定着していくか（リーダーの視点からは、「どのように受け入れさせ定着させていくか」）が主眼となります。

▶ プロセスに関するモデル

　組織変革のプロセスに関するモデルは実務上も参照されることが多く、クルト・レヴィンによる、①解凍（危機感の共有や不安の抑止により、変革のための雰囲気を醸成する）→②変革（新しい考えややり方を学習し、組織内の行動や考え方を変える）→③再凍結（変化の内容を組織内に定着化・慣習化させていく）という３段階モデルや、それを詳細化した形のジョン・コッターによる８段階モデルなどが代表例です。

コッターによる企業変革の8ステップ

 危機意識を高める

⬇

 変革推進のための連帯チームを作る

⬇

 ビジョンと戦略を打ち出す

⬇

 変革のためのビジョンを周知徹底する

⬇

 従業員の自発を促す

⬇

 短期的成果を実現する

⬇

 成果を生かして、更なる変革を推進する

⬇

ステップ8 新しい方法を企業文化に定着させる

（出所）J.P. コッター『企業変革力』（2002） 日経 BP

38 チームビルディング

▶ 少人数のチームが重要な単位に

近年、多くの企業において、少人数からなるチームが重要な仕事の単位となりつつあります。チームを機能させられるかどうかが組織の成功に直結するため、より良いチームビルディングに関する関心が高まっています。

▶ 向上のための2つの方策

チーム力の向上には大きく2つの方策があることが知られています。1つは、チームが機能する前提条件を整えていく方策で、「チームデザイン」と呼ばれます。課題に合わせてメンバーを選抜・配置するやり方と、メンバーに合わせて課題を変化させるやり方があります。メンバーへの直接的な働きかけというよりも、チームを編成するマネジメントの立場からの施策と考えられます。

もう1つは、チームメンバーを課題に合わせて変化させるという方策で、「チームビルディング」はこれに当たります。もともとはチーム内におけるメンバーの対人関係や相互作用を改善するための方策として捉えられていましたが、現在ではチーム内の広範な問題の解決を図る手法と考えられています。さまざまなワークショップなどでの演習を通じて実施されることが多く、実際にチームワークに改善が見られることが学術的にも報告されています。

チームを機能させるための方策

名　称	定　義	効果的な実践のための要点
チーム デザイン	チームが機能する前提条件を整える方策	①課題に適した人材を選抜・配属する ②達成を期待する成果の水準を具体的に明示する ③課題遂行の計画や手順を設定し、業務分担を行う ④課題遂行に必要な他部門・他部署との連絡体制を確立する
チーム ビルディング	チームメンバーを課題に合わせて変化させる方策	①達成を目指す目標をメンバーたち自身で設定する ②チーム内の活動を通じて相互信頼の構築を図る ③各メンバーが果たすべき役割を協議し、相互理解を深める ④チームとして課題遂行を阻害する問題を発見しその改善方法を検討する

（出所）三沢 良（2019）　チームワークとその向上方策の概念整理。
　　　　岡山大学大学院教育学研究科研究集録 , P32. をもとに筆者作成

39 ホラクラシー経営

▶ メンバーの主体性を引き出す

　ホラクラシー経営とは、新しいマネジメント手法として注目を浴びている概念で、組織における階層構造をなくし、よりフラットに分権的な組織運営を行おうとする手法の総称です。ザッポスなどの導入例が有名です。

　このようなフラット型や分権的な組織運営への志向は近年多く見られますが、従業員の主体的・自律的な動きを引き出すことが主眼とされています。その背景として、現代の企業組織においてはイノベーションの必要性が高まっており、組織メンバーが主体的に創造性を追求することが組織の成功に直結するとの認識があります。

▶ 常に望ましいとは限らない

　しかし、そうした組織運営が、本当に組織全体のイノベーション創出に貢献するのかどうかは注意が必要です。階層をなくすことはアイデアの創出フェーズにはプラスに働くものの、出てきたアイデアを評価し選択する選別フェーズにはむしろ階層的な組織のほうが望ましい、という最近の研究知見も存在し、階層がないことが常に望ましいとは限らないことが示唆されています。

　組織運営のありようが、個と組織に対してどのように影響していくかについて、さまざまな視点から重層的に検討することが重要です。

階層型組織とホラクラシー型組織

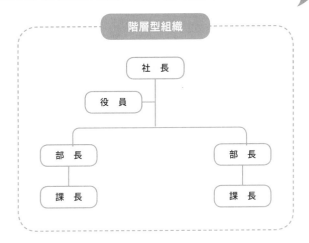

階層型組織

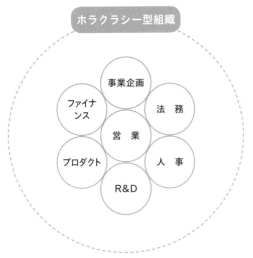

ホラクラシー型組織

（出所）筆者作成

（参考：https://circu.co.jp/pro-sharing/leaders-campus/article/1310/）

40 ナラティブ・アプローチ

▶ ナラティブとは

　ナラティブとは、「物語」「語り」を意味し、近年、人事・組織領域で注目を集めている概念になります。

　ナラティブ・アプローチは、もともとは認知行動療法などの臨床領域において発達してきた方法です。そこでは、患者が自身を語る枠組み（ナラティブ）に注目し、その再解釈・再構成を行う過程が優れた医療の実践となる、ということが見出されてきました。その根底にあるのは社会構成主義的な考え方で、患者・医師の双方のやり取りを通じて、支配的と思われていた語りの枠組みを相対化していくことを通じて、患者の苦しみが治癒されていく、というように考えられています。

▶ 具体的な手法はこれから

　近年のビジネス環境は、VUCAと言われるように複雑で不確実性が高いものになると同時に個人の多様化も進んでいます。さまざまな価値観を併存させたまま不確実な未来に進んでいく必要があるという状況の中で、対話とそれを通じた再構成を重視するナラティブ・アプローチは、組織運営上も大きな示唆を持つように思われますが、具体的な導入・活用の方法は必ずしも明らかではありません。どのような組織課題に対して同アプローチを適用するのか、慎重に検討することが求められます。

ナラティブ	語りを生み出す解釈の枠組み
形成過程	自身の仕事上の役割や社会的な立場、世間的な職業規範や自分の置かれている環境の文化によって形成される
ナラティブの対立 **（「ナラティブの溝」）**	・どちらが正しい、間違っているという話ではなく、両者が異なるナラティブに立っているときに生じる 例） 　部下が想定する上司の役割 　　「率先して業務を行う」 　上司が想定する上司の役割 　　「部下の業務遂行を評価する」
方策	・「対話」＝「新しい関係性を構築すること」 ・「A か、それとも B か」と、対立する考えのどちらかを採用するのではなく、対話によって「A も B も成り立つことが可能な C という枠組み」を見出す ・どちらかが妥協したりお互いが譲歩し合ったりといったものではなく、双方の新しい関係性を構築することがポイント

（出所）宇田川元一『他者と働く』（2019）NewsPicks パブリッシングを基に筆者作成

41 プロセス・コンサルテーション

▶ 3つのモードを使い分ける

　個人、集団、組織、地域社会を援助するプロセスに関する哲学、態度の一つで、心理学者のエドガー・シャインが提唱したものです。

　シャインは、支援する側（コンサルタント）とされる側（クライアント）の関係性には「専門家モデル」「医師－患者モデル」「プロセス・コンサルテーションモデル」があり、コンサルタントはこの3つのモードを状況に応じて使う必要があるとしています。

▶ 当事者自身が方向性を見出す

「専門家モデル」はクライアントが知らない専門知識やソリューションを提供するモード、「医師－患者モデル」は基準に照らして現状を診断し、問題を特定したり解決策を提案したりするモードです。「プロセス・コンサルテーションモデル」は、問題の生じているプロセスにクライアント自身が気づき、それに従った行動をしたりそのプロセスを変えたりすることを支援するモードです。

　背景には、支援者にできるのは自ら問題を解決しようとする人を支援することだけだ、という考えがあります。本質的な問題解決のために、コンサルタントには、当事者自身が問題を紐解き変革の方向性を見出す支援をする態度が求められます。

コンサルタントとクライアントの関係性の3つのモード

専門家モデル	専門家として、クライアントが知らない専門知識やソリューションを提供
医師-患者モデル	基準に照らして現状を診断し、問題を特定したり解決策を提案したりする
プロセス・コンサルテーションモデル	問題の生じているプロセスにクライアント自身が気づき、それに従った行動をしたりそのプロセスを変えたりすることを支援する

(出所) E.H. シャイン（2002）『プロセス・コンサルテーション』白桃書房を基に作成

プロセス・コンサルテーションの一般的原則10カ条

1. 常に力になろうとせよ。

2. 常に目の前の現実との接触を保て。

3. あなたの無知にアクセスせよ。

4. あなたのすることはどれも介入である。

5. 問題を抱え、解決法を握っているのはクライアントである。

6. 流れに身を任せよ。

7. タイミングが極めて重要である。

8. 真っ向から対決する介入については建設的オポチュニズムであること。

9. すべてはデータである。誤りは避けられないが、そこから学習せよ。

10. 疑わしいときは、問題を共有せよ。

(出所) E.H. シャイン（2002）『プロセス・コンサルテーション』白桃書房を基に作成

42 データ・フィードバック

▶ 現状を診断する

　データ・フィードバックとは、組織開発のプロセスにおいて、現状を診断するためにアンケートやサーベイを実施し、収集データを分析して当事者にフィードバックすることです。「診断型組織開発」の中心的な手法として活用されます。組織開発の進め方のモデルの代表的なものにチューディの提唱する「ODマップ」がありますが、このODマップの8つのフェーズの2〜4番目のフェーズに、それぞれ「データ収集」「データ分析」「データ・フィードバック」が位置付けられています。

▶ アクションに向けての対話が進む

　データ・フィードバックにより、組織の当事者は、組織の現状について客観的な数値で把握でき、アクション計画に向けての対話が進みます。また、データをきっかけに日頃話していなかった問題や感情を開示し合ったり、自分と他者の回答の違いから「見えない自分」を知り、これまで気づかなかった問題を発見したり、などコミュニケーションの幅を広げることにもつながります。

　良くも悪くも、対話の内容があらかじめ設計したアンケートやサーベイの項目に影響を受ける可能性が高いため、データ・フィードバックは、組織開発の目的を損なわないよう、十分留意して行う必要があります。

OD マップ（組織開発のフェーズ）

エントリーと契約
インタビュー、アセスメント、観察などで、プロセスに関するデータを収集する

データ収集
クライアントのニーズを把握し、進め方やお互いの役割を合意する

データ分析
データを整理する
（診断モデルに基づいて整理がなされる場合あり）

データ・フィードバック
データをクライアントにフィードバックし、対話を通してプロセスについての気づきを促進する

アクション計画
焦点付けられ、共有されたプロセスを変革するためのアクションを計画する

アクション実施
計画されたアクションを実行する

評価
合意された変革目的がどれくらい達成できるかを評価する

終結
変革目的が達成された場合は終結する

（出所）中村和彦『組織開発の特長とその必要性』関西生産性本部を基に作成

43 対話型組織開発

▶ 変革アプローチの一つ

　対話型組織開発は組織変革とコンサルティングのアプローチの１つで、2009年にブッシュとマーシャクが、これまで行われてきたさまざまな組織開発の実践を概念的に解釈し提唱したものです。対比的な概念として「診断的組織開発」を置いています。

▶ 新しい価値を生み出す

　対話型組織開発は、組織の望ましいあり方には客観的な正解があるわけではなく、構成員のさまざまな人々の対話と合意によって生成・更新され続ける、という考え方で行われます。現実と関係性は社会的に構成される、という社会構成主義の考えを土台にしています。

　そのため、対話型組織開発を推進するには、より多くの関係者の参加型で行う、相互の意見を尊重した対話を促す、交わされる言葉やシンボルとその意味に注目する、変革はそれらが変化することによって創発的に起こることを理解する、などが必要となります。

　対話型組織開発を取り入れた手法には、Ｕ理論、ワールド・カフェ、フューチャーサーチ、アプリシエイティブ・インクワイアリー（AI）などがあります。正解がない時代、多様性の時代において、新しい価値を生み出す方法論として、多くの企業で関心が高まっています。

診断型組織開発と対話型組織開発の対比

	診断型組織開発	対話型組織開発
存在論と認識論	・現実は客観的事実である ・現実は1つである ・現実は合理的かつ分析的なプロセスを用いて発見することができる	・現実は社会的に構成される ・複数の現実が存在する ・現実は交渉によって変わり、権力と政治的プロセスの影響を受ける
変革の構成	・客観的な問題解決手法を用いて有効なデータを収集し運用することが変革につながる ・変革は、創出され、計画され、管理される ・変革は、期間限定的であり、線形であり、目的志向である	・生成的アイデアを生み出すためのコンテナとプロセスを創ることが、変革につながる ・変革は促進することが可能だが、主として自己組織化する ・変革は、継続的であり循環的である
変革の焦点	・行動と、人々の行為を変えることを重視する	・マインドセットと、人々の考え方を変えることを重視する

（出所）ジャルヴァース・R・ブッシュ、ロバート・J・マーシャク（2018）
『対話型組織開発——その理論的系譜と実践』 英治出版を基に作成

対話型組織開発は、新しい
価値を生み出す方法論とし
て関心が高まっています。

44 グループ・ダイナミクス

▶ 「場の理論」の公式

　人間は集団になったとき、集団であるがゆえに生まれる心理的圧力や暗黙のルールに従って行動するようになります。このように集団が個人の行動に及ぼす影響を力学的に捉えていく研究がグループダイナミクス（集団力学）です。社会心理学者のクルト・レヴィンはこれを「場の理論」と呼ばれる有名な公式で説明しました。B（個人の行動）は、P（個人のパーソナリティ）とE（個人が置かれている環境）との相互作用によって規定されるとするこの公式は、個人の特性を開発するだけでなく、環境の開発を行わなければ期待される行動変化は起きないことを意味しています。

▶ 集団が個人の行動に影響を与える

　グループ・ダイナミクスの研究からは、明瞭な目標が成員を特定の方向に向かわせる効果があること、成員が集団に所属することに魅力を感じているときほど仕事上の緊張感が弱まり意見の一致を生み出す相互作用が活発になること、集団での討議が成員の態度や習慣を変えるのに大きな力を持っていること、時間を経るにつれて集団の中には判断や行動のしかたについて「こうあるべきだ」という一定の規範（集団規範）が生まれ、成員の行動をコントロールすることなどが発見されています。

$$B = f(P \cdot E)$$

B（Behavior）
メンバーの行動

P（Personality）
個人の能力や性格

E（Environment）
職場の環境や風土

一体感のある集団はどのように形成されるのでしょうか。

明確な目標があってメンバーに受容されていること、集団に所属することに魅力と安心を感じられること、メンバー同士で十分討議できること、などが必要になります。

45 ダイアログ

▶ 対立することなく新しい知性を創造

ダイアログとは、相手の話すことを自分の意見や前提で評価・解釈することを保留し注意を傾けることで、対立することなく全員が一緒に考える自由な空間を作り出していこうという、コミュニケーションに関する概念の一つです。対比的に取り上げられる「ディスカッション」が、お互いの意見を吟味し一つの最適な答えを探求し決定することを目的とするのに対し、「ダイアログ」は、一人ひとりでは到底理解できない複雑で難しい問題を集団で探求し、個々の理解を乗り越えて新しい知性を創造することを目的とします。

物理学者のデヴィッド・ボームがこの概念を紹介し、ピーター・センゲは「チーム学習」に欠かせない要素として、ボームのダイアログを取り上げています。

▶ ファシリテーターが重要に

ダイアログが成立するには、参加者が互いを異なる意見を持つ仲間と考え、地位や権力にとらわれずに自分の考えをさらけ出すことが必要です。しかし、多くの企業組織の中では、階層意識や競争意識に妨げられ、それは容易ではありません。そのため、第三者的に参加しダイアログのモードを保持するファシリテーターの存在が重要となります。

ダイアログとディスカッションの比較

	ダイアログ	ディスカッション
目的	意味や体験を分かち合い、枠組みを外し、発見し、共有化する	意見の正否・妥当性を競い、正否の判断を示し、一つの最適な解への同意を得る
役割	お互いが尊重され、平等の立場にある	知識・経験・権限のある者の発言が重んじられる
背景	・問題が複雑で誰も答えが見えないとき ・繰り返し同じ問題が発生しているとき ・思考が固着し、抜け出せないとき	選択肢が明白で、評価して最高のものを選ぶ必要があるとき
プロセス	なるべく時間をとって、各自の仮説を表面化し、判断を保留し、探求するために質問をし続ける	なるべく短時間で、仮説を立証するために主張し、説得し、妥協点を見つける

(出所) ヒューマンバリュー『ダイアログ〜探求を深め、新たな価値を生成する話し合いのあり方〜』を参考　https://www.humanvalue.co.jp/wwd/research/insights/articles/post_18/

ダイアログに必要な3つの基本条件

1. 全参加者が自分の前提を「保留し（吊り下げ）」なければならない。つまり自分の前提を文字どおり「みんなの前に吊り下げるように」しておくのだ。

2. 全参加者が互いを仲間と考えなければならない。

3. ダイアログの「文脈を保持」する「ファシリテーター」（進行役）がいなければならない。

(出所) ピーター・M. センゲ（2011）『学習する組織　システム思考で未来を創造する』英治出版

46 心理的安全性

▶ 真実を避けずに話し合える

2012年にグーグルが「生産性が高いチームは心理的安全性が高い」との研究結果を発表し、一躍注目されるようになった概念です。

心理学者のエドモンドソンによれば、「心理的安全性」とは、関連のある考えや感情について人々が対人不安を超えて気がねなく発言できる雰囲気を指します。心理的安全性があれば、真実を避けずに難しい話し合いをできるようになります。そしてチームが機能するには、責任と心理的安全性がバランスよく確保されることが重要だとしています。

▶ 実現は容易ではない

心理的に安全な職場では、失敗が緩和され、イノベーションが促され、メンバーのコミットメントやエンゲージメントが高まります。しかし実際の職場では、無知・無能だと思われないか、後ろ向きだと思われないかといった不安が妨げとなり、その実現は必ずしも容易ではありません。

心理的安全性の高い職場を実現するには、一人ひとりが他者に配慮しつつ自分の意見を遠慮せずに表明するアサーションのスキルを高めること、立場の弱い人の発言を意識的に促すこと、などが有効だと考えられます。

高い

<table>
<tr><td></td><td>快　適</td><td>学　習</td></tr>
<tr><td></td><td>Comfort Zone</td><td>Learning Zone</td></tr>
<tr><td></td><td></td><td></td></tr>
<tr><td></td><td>無関心</td><td>不　安</td></tr>
<tr><td></td><td>Apathy Zone</td><td>Anxiety Zone</td></tr>
</table>

心理的安全

低い

低い　　　　　　　　　　責　任　　　　　　　　　　高い

（出所）エイミー・C・エドモンドソン（2014）『チームが機能するとはどういうことか
　　　　「学習力」と「実行力」を高める実践アプローチ』英治出版

心理的安全性を高めるためのリーダーの行動

- 直接話のできる、親しみやすい人になる

- 現在持っている知識の限界を認める

- 自分もよく間違うことを積極的に示す

- 参加を促す

- 失敗は学習する機会であることを強調する

- 具体的な言葉を使う

- 境界を設ける

- 境界を超えたことについてメンバーに責任を負わせる

（出所）エイミー・C・エドモンドソン（2014）『チームが機能するとはどういうことか
　　　　「学習力」と「実行力」を高める実践アプローチ』英治出版

47 アサーション

▶ 自他を尊重した自己表現

　相手の意見や主張を尊重しつつ、自分も我慢したり攻撃的になったりせずに、意見や主張を表明するという、自他を尊重した自己表現のことです。

　心理学者アンドリュー・ソフターは、多くの神経症の原因は、幼少期のしつけなどにより生じた過度に抑制的な性格特性であると考え、本来の活動性をとりもどすためにアサーションの必要性を説きました。1970年代、80年代には、アサーション・トレーニング（AT）が盛んに研究されるとともに、社会的に抑圧されている人々が正当な主張をするためのコミュニケーションスキルとして、広く浸透するようになりました。

▶ 職場・チームの関係性を変える

　現在のビジネス場面では、人間関係の多様性や複雑性が増す中、お互いに意見や考えを出し合うことで、改善や創造をスピーディーに推進していく必要性が高まっています。職場やチームにおいて各人が率直に発言できる「心理的安全性」の高い状態を保つために、アサーションを理解し実践することの重要性が改めて見直され、研修などで取り上げる企業が増えています。一人ひとりがアサーションのスキルを磨き発揮していくことで、職場やチームの関係性を変えていくことができるのです。

3つのタイプの自己表現の特徴一覧

非主張的	攻撃的	アサーティヴ
引っ込み思案	強がり	正直
卑屈	尊大	率直
消極的	無頓着	積極的
自己否定的	他者否定的	自他尊重
依存的	操作的	自発的
他人本位	自分本位	自他調和
相手任せ	相手に指示	自他協力
相手の承認で決める	自分の命令に従わせる	自己選択で決める
服従的	支配的	歩み寄り
黙る	一方的に主張する	柔軟に対応する
弁解がましい	責任転嫁	自己責任で行動
「私はOKでない、あなたはOK」	「私はOK、あなたはOKでない」	「私もOK、あなたもOK」

（出所）平木典子『改訂版 アサーション・トレーニング―さわやかな〈自己表現〉のために』
金子書房
https://www.jinken-net.com/close-up/1012.html

48 ソーシャル・サポート

▶ 4つのサポート形態

個人が、他者から愛され、大切に思われている、尊重され価値を認められている、あるいは相互支援や責任の社会的ネットワークの一員である、などと感じたり実際に経験したりすることを指します。

ソーシャル・サポートには、そのサポートの内容によって「情報的サポート」「道具的サポート」「情緒的サポート」「評価的サポート」の4つがあると言われています。例えば、新入社員のために業務に必要なマニュアルを整備することは道具的サポート、仕事の状況を気にかけ声をかけることは情緒的サポートに当たります。

▶ 「それとなく」行うことが重要

職場では、上司や同僚、所属組織からさまざまなソーシャル・サポートを得ることで、自尊心やコントロール感が高まり、より仕事に集中できるようになりますが、実際には十分にサポートを得られていないと感じている人が少なくありません。困っている本人からサポートを求めていければよいのですが、自分が活躍・貢献できていないと感じている人ほど、自ら援助を要請できないという研究もあります。サポートの送り手は、受け手が「自分は尊重されている」と感じられるように、それとなくその人に合ったサポートをしていくことが大事です。

ソーシャル・サポートの分類定義

直接サポート
仕事を手伝ってくれる、折衝・調整など、問題解決に介入するなど、直接的な課題解決のサポートをする

情報的サポート
情報提供、やり方やコツを教えてくれるなど、課題解決に必要な知識・情報を提供する

情緒的サポート
励ましてくれる、親身になってくれる、話し相手になってくれる、気にかけてくれるなど、精神的な支えとなる

評価的サポート
認めてくれる、高く評価してくれる、改善点を指摘してくれるなど、適切な評価やフィードバックをする

（出所）リクルートマネジメントソリューションズ（2019）『RMS Message54 号
「職場におけるソーシャルサポート」』を基に作成

ソーシャル・サポートを高める施策・風土

施　策

【互いを知り合う】
・上司との定期的な面談
　（1on1 など）
・社員が集まる場所の設置
・社員同士での飲食の金銭的補助
・業務以外の社内コミュニティ
・会社主催の懇親イベント

【ナレッジシェア】
・全社総会など経営からの発信
・社員による自主的な勉強会
・社内コミュニケーションツール

【役割の付与】
・持ち味を生かすアサインメント

風土・環境

・すぐ声をかけられるような執務環境（カフェ、フリーアドレスなど）
・協働・助け合いをよしとしフリーライダーを許せる職場風土

（出所）リクルートマネジメントソリューションズ（2019）『RMS Message54 号
「職場におけるソーシャルサポート」』を基に作成

49 パルス・サーベイ

▶ 高頻度の調査を行う

パルス・サーベイとは、少量の項目（おおよそ10問未満）で高頻度の調査を行うことです。名称は、「パルス（脈拍）のような頻繁さ」に由来しています。半年や一年に1回、50問など大量の項目で行われてきた意識調査と対比され、近年注目されています。

パルス・サーベイのメリットは、タイムリーに個人や組織の状態を把握し、明らかになった問題に対応できることです。一方で、従来の意識調査のように構造的に状態を把握することはできないので、両者を併用するケースも見られます。

▶ 意義を理解してもらうことが重要

パルス・サーベイの設計、実施方法には、いくつかのバリエーションがあります。たとえば、調査項目は毎回同じものを利用することもあれば、一部は固定、一部は都度変更することもあります。また、個人ではなく、組織の状態を把握することが目的であれば、毎回ランダムに選択した一部の回答者のみに調査を実施することもあります。

運用のポイントは、従業員の同意をしっかり取ること、パルス・サーベイの意義を実感してもらうために、調査の結果を基にきちんとアクションを行うことです。

パルス・サーベイと意識調査の対比（例）

	パルス・サーベイ	意識調査
目 的	個人のコンディション把握	組織の状況把握
頻 度	月1回	年1回
項目数	少	多
匿名の扱い	個人状況把握のため、非匿名	組織に対する率直な回答を促すため、匿名
フィードバックまでの期間	個人のコンディションに対して手を打つため、短い	分析などを経て組織状態を明らかにするため、長い

なぜ、パルス・サーベイは、月1回のように頻繁に行うのですか？

急なモチベーションの低下など、タイミングを逃さずフォローすることができるようになるからです。だからこそ、「変化しやすく、重要なこと」を測るのがポイントです。

社員が自発的に働く職場とは？

　最近の組織におけるキーワードの1つとして、従業員の「自律（自発性）」への注目が挙げられます（→「ホラクラシー経営」「ジョブ型とメンバーシップ型」「キャリア自律」なども参照）。「自律性」は、組織から強制する形ではなく、各従業員それぞれが主体的に働くことが重要であるという考え方で、職場において必要とされる専門性の高まりや雇用関係の流動化といった社会環境の変化に沿った潮流であると考えられます。

　これまでも社員の自律性を高めることは基本的に望ましいこと考えられてきましたが（→「モチベーション理論」）、自律的な社員同士の協働を実現することは、組織にとって新たなチャレンジとなることに留意が必要です。

　効果的・効率的な協働のためにはサボりの問題（協力問題）と調整の問題の２つを解決する必要がありますが（→「協働の問題」）、各社員の自律性がそれほど重視されない状況では、組織からの指揮命令によって協働を維持することは比較的容易でした。

　しかし、各自が自律的・自発的に業務に取り組む環境で、組織からの強制力が弱まる中でどのように従業員のコミットメントを維持し続けるか、またそうした従業員それぞれの自律的な業務遂行をどのように組み合わせて組織のアウトプットにつなげていくかは、組織マネジメント上の重要な課題となります。

第 4 章

人材マネジメント

50 人材マネジメント ポリシー

▶ 個人と組織の基軸となる

　人材マネジメントポリシー（方針）とは、人材マネジメント上での個人（従業員）と組織（経営・人事）双方にとり基軸となる考え方のことです。人事・人材に関するさまざまな制度や施策を束ねる、源流としての思想や哲学と言ってよいかもしれません。

　これを設定することが有効な理由は以下のとおりです。

①人事制度・施策の設計・運用における羅針盤：意見や考えの違いが噴出しがちな人事制度・施策において、ポリシーが収斂・統合する羅針盤となります

② 社内外の関係者への明快なメッセージ：制度や規則に終始しがちな人事にあって、何を重視するのかをわかりやすく関係者へ伝えることが可能です

　人材マネジメントポリシーの構成例として、図のとおり、すべての人材マネジメントの上位概念となる大原則・方針を設定します。その上で、個人の責任や期待、組織からの支援や約束を明示すると、羅針盤やメッセージとして活用できます。

　参考までに右図のとおり、リクルートの旧人材マネジメントポリシー（2000年）を紹介します。大原則・方針が「価値の源泉は人」、個人への期待や責任が「我々は、全員成長し続ける」、組織からの支援や約束が「成長チャンスを提供」となります。

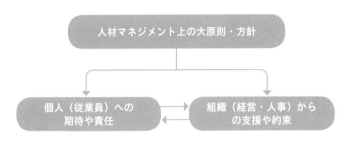

人材マネジメント上の大原則・方針

個人（従業員）への
期待や責任

組織（経営・人事）から
の支援や約束

我々は、全員成長し続ける

・顧客価値を高め
続けるために、
個人が成長する
ことを前提
とします

価値の源泉は人

・顧客価値の源泉は「人」
にあると考えます

・「人」が提供する価値を
把握し、明言し、社会の
基準で評価します

・事業責任者
ほど自分と
メンバーの
成長に責任
を持ちます

成長チャンスを提供

・一人ひとりの成長を要望し、支援します

・成長チャンスとなる仕事、ポスト、
キャリア開発の機会を提供します

51 戦略的人材マネジメント

▶ 3つのパターン

　戦略的人材マネジメントとは、企業や事業のビジネス戦略を起点として、人材マネジメントの考え方や制度・仕組みをそろえていくことを言います。パターンとしては、以下の３つに大別できます。

①汎用的人材マネジメント：ビジネス戦略に関係なく、汎用的もしくは最新の人材マネジメントを設計・運用する。グループやグローバルワイドでのプラットフォームとして有効

②戦略的人材マネジメント：ビジネス戦略に沿って、求められる人材や要件、必要となる制度・仕組みを設計・運用する。戦略が明確で一定期間、大きく変わらない場合に有効

③機動的人材マネジメント：タレントファーストで、エッジ・専門性の高い人材・タレントが、ビジネスをつくっていくため、労働市場や個別のタレントに即したマネジメントが必要な場合に有効

　右図は戦略的人材マネジメントのイメージ例となります。人材マネジメントの起点をビジネス戦略として、その実行・実現に求められる組織機能および人材像や要件を明確化します。それらを各制度の方針と連動させ、設計・運用することで、戦略的かつ実効性の高い人材マネジメントが可能となります。

人材マネジメントのパターン

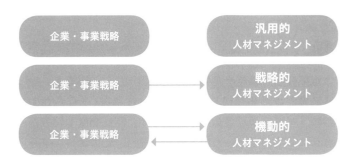

企業・事業戦略	汎用的 人材マネジメント
企業・事業戦略 →	戦略的 人材マネジメント
企業・事業戦略 →	機動的 人材マネジメント ←

戦略的人材マネジメントのパターン

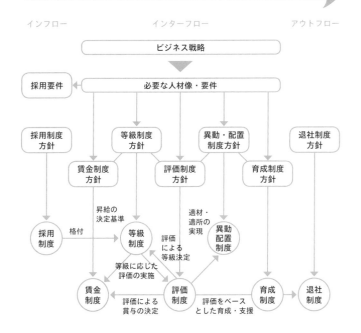

インフロー インターフロー アウトフロー

ビジネス戦略

採用要件 ← 必要な人材像・要件

採用制度方針　等級制度方針　異動・配置制度方針　退社制度方針

賃金制度方針　評価制度方針　育成制度方針

採用制度 —格付→ 等級制度（昇給の決定基準）

等級に応じた評価の実施

適材・適所の実現　異動配置制度

評価による等級決定

賃金制度　評価制度　育成制度　退社制度

評価による賞与の決定　評価をベースとした育成・支援

52 等級制度

▶ 職能資格と職務等級

　職能資格も職務等級も等級制度の一つの形態です。等級制度とは、組織における構成員（従業員）を何らかの基軸・基準により区分する制度です。評価制度や報酬制度をはじめ、ほとんどの人事諸制度は、この区分による等級制度をベースとして、設計・運用されています。

　日本の企業において代表的な等級制度の一つが「職能資格」です。これは、従業員の「職能（職務遂行能力）」の保有レベルにより、資格・等級に位置付けるものです。

▶ 職務をベースに「人」の要素を加味

　職能資格は、従業員の能力が劣化した場合には降格も想定できる仕組みですが、いったん昇格・昇級すると下がることのないように運用されてきました。結果、年功序列的な人事運用の原因の一つとされます。

　他方の「職務等級」は、純粋に職務に求められる責任などの大きさにより、等級に位置付けるものです。属人的な要素を一切加味しないことから、よく「椅子に値段が付く」と表現されます。

　職務等級をベースとしつつ、実際に担う人を踏まえた位置付けとするものが「役割等級」となります。日本企業では、職務をベースに「人」の要素を加味することで、実際的な運用を担保している事例が多く見られます。

代表的な等級制度の基軸・基準と特徴点

基 軸		基 準	特徴点
人ありき	過去	年齢・勤続年数	誰が見ても明確で、逆戻り・停滞することのない基準
		経験・貢献の蓄積	過去の経験・スキルの蓄積や、評価の結果の蓄積による基準
		保有能力	職務遂行における能力レベルで、どの程度「できるか」による基準
仕事ありき	現在	発揮能力（実力）	発揮されている能力レベルで、どの程度「しているか」による基準
		職 務	純粋に職務（ポスト）に求められる責任・権限等の大きさによる基準
		役 割	職務と実際に職務を担う人を踏まえた責任・権限の大きさによる基準
	将来	ミッション	組織が期待する（or 自ら進んで担う）将来的な役割の大きさの基準

53 人材ポートフォリオ

　人材ポートフォリオとは、さまざまなタイプの従業員を効果的に組み合わせ、経営目標を実現するマネジメント手法です。組織において、どのようなタイプの従業員が、どの程度必要であるかを明確にし、人材の採用から育成・開発、異動・配置に展開していく考え方です。

　代表的なポートフォリオのフレームとして、縦軸の組織／個人、横軸の創造／運用の2軸で分けた4つのタイプがあります。必要なタイプの人材を組み合わせ、持てる力を最大限に引き出すことで、組織の生産性やパフォーマンスを高めることができます。

　従業員の立場からも、この考え方はメリットがあります。組織への多様な貢献方法および、ポートフォリオタイプに応じたキャリアパスにより、個人の特徴や強み、志向などを生かした働き方が可能となります。

　上記を踏まえて、人材ポートフォリオの有効な活用方法を以下にまとめます。

①人材のパターンは分類しすぎず、シンプルで一定の汎用性を持つものが使い勝手が良い

②人材パターンと等級・評価制度やキャリアパス・育成体系などを連動させ、一貫性を持った運用がポイント

③キャリアの節目で自らの特性や強み・志向を振り返り、目指すべきパターンを再認識することが有効

組織

マネジャー
（組織管理）

経営の意向をくみ取り、その
実現に向けて組織やグループ
を統括、運営する。いわゆる
管理職に相当

ビジネスリーダー
（創造革新）

変革が要求される状況におい
て、新たなコンセプトを打ち
出し、周囲を巻き込みながら
戦略的に事業を推進する。い
わゆる新規事業担当（企業内
起業家）に相当する

運用 ← → 創造

エキスパート
（実務推進）

一定の分野で豊富な知識・技
能と実績を持ち、着実に実務
を推進する。いわゆる専任職
に相当

スペシャリスト
（企画開発）

自らの専門的視点と新しい着
想で、制度・戦略などの企画
立案や研究的業務・商品開発
に携わる。いわゆる専門職に
相当

個人

従業員から見た人材タイプへのパスのイメージ

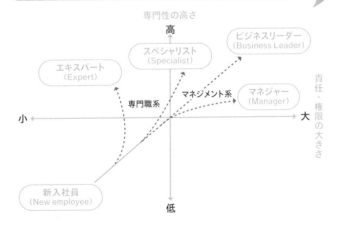

専門性の高さ

高

スペシャリスト
（Specialist）

ビジネスリーダー
（Business Leader）

エキスパート
（Expert）

専門職系

マネジメント系

マネジャー
（Manager）

小 ← → 大

責任・権限の大きさ

新入社員
（New employee）

低

54 雇用ポートフォリオ

▶ 雇用の3つのグループ

　雇用ポートフォリオとは、企業における正社員、パート・派遣、契約社員、嘱託社員やパートナーなどの組み合わせを意味します。

　最も効率的・効果的な雇用ポートフォリオの考え方として有名なものが、1995年に日経連（現日本経団連）が提唱したものです。縦軸に勤務の長短、横軸に定着・移動をとり、雇用のグループを3つに分類しています。

　長期蓄積能力活用型グループは期間の定めのない雇用契約をベースとし、管理職や総合職などが中心となります。昇給のある月例賃金や固定部分のある賞与など、正社員の処遇の典型的なパターンです。

　高度専門能力活用型グループと雇用柔軟型グループは、有期雇用契約がベースとなり、スペシャリストや一般職を対象としています。昇給がない年俸や時間給、賞与も成果配分や定率と、正社員とは大きく異なります。

▶ 意図通りの運用は難しい

　多様な働き方の促進や業務の高度化・専門化や繁閑への対応を考えると、この雇用ポートフォリオの考え方は企業経営からすると合理的です。他方で、さまざまな要素が絡むため、意図通りの雇用ポートフォリオの運用は難しいのが実態といえるでしょう。

新時代の「日本的経営」における雇用ポートフォリオ

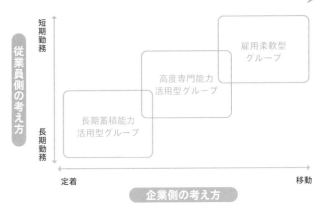

(出所) 日経連 『新時代の「日本的経営」』

グループ別に見た処遇の主な内容

	長期蓄積能力 活用型グループ	高度専門能力 活用型グループ	雇用柔軟型 グループ
雇用形態	期間の定めのない 雇用契約	有期雇用契約	有期雇用契約
対象	管理職・総合職・ 技能部門の基幹職	専門部門(企画、営業、 研究開発等)	一般職 技能部門 販売部門
賃金	月給制か年俸制 職能給 昇給制度	年俸制 業績給 昇給なし	時間給制 職務給 昇給なし
賞与	定率+業績スライド	成果配分	定率
退職金・年金	ポイント制	なし	なし
昇進・昇格	役職昇進 職能資格 昇給	業績評価	上位職務への転換
福祉施策	生涯総合施策	生活援護施策	生活援護施策

(出所) 日経連 『新時代の「日本的経営」』

55 ジョブ型と メンバーシップ型

▶ 職業中心か、会社中心か

自社の人材マネジメントにおいて、職業ありきの「ジョブ型（就職）」中心なのか会社ありきの「メンバーシップ型（就社）」中心なのか、どちらを志向するのか考えておかないといけません。

ジョブ型は、職務や勤務地を限定している雇用形態です。グローバル化の潮流やダイバーシティの促進、成果主義を志向した人事制度へのシフトなどにより、ジョブ型の人材マネジメントが増えつつあります。

メンバーシップ型は、職務や勤務地、労働時間などが限定されない雇用形態です。会社に属する（メンバーシップ）のと引き換えに、職務や勤務地などの制約のない「白紙委任状」を会社に差し出すという言われ方もします。

人材マネジメントでの各ステップにおいて、ジョブ型とメンバーシップ型の主な特徴を対比的にまとめたものが右図となります。2つの型をベースにした人材マネジメントの留意点は以下の3つとなります。

① ジョブ型、メンバーシップ型のどちらに人材マネジメントの主軸を置くかを明確にする

② 採用、配置・異動、育成は良いとこ取りで折衷せずに、主軸の型に合わせる

③ ジョブ型へシフトする場合には、同時に現場の権限・裁量を拡充する

ジョブ型（就職）とメンバーシップ型（就社）の主な特徴

	ジョブ型	メンバーシップ型
採用	・即戦力（中途）重視 ・スキル・経験重視	・新卒採用重視 ・社風への適合性重視
配置・異動	・職種でのキャリア重視 ・転居・転勤は原則なし	・ローテーション重視 ・転居・転勤は定常的
等級	・職務（ポスト）重視 ・職務ニーズにより変更	・属人（ヒト）重視 ・能力向上等により昇格
評価	・職務記述書ベース ・絶対評価を重視	・階層ごとの定義ベース ・相対評価を重視
報酬	・社外競争力重視 ・実質年俸制	・社内公平性重視 ・定期昇給
育成	・テーマ別研修重視 ・職種ごとの Off·JT 重視	・階層別研修重視 ・職場での OJT 重視
他	・現場のマネジャーの 権限・裁量、責任大	・本社の人事部門の 権限・裁量、責任大

56 成果主義人事制度

▶ 勝手な解釈が入りがちな制度

1990年代から現在に至るまで、組織の人事制度を見直し、変更する場合に、よく見られるコンセプトの一つが「成果主義」の導入です。同床異夢となりがちな人事用語にあって、「成果主義」はその最たるものです。場面や人、立場によって、「成果主義」が意味するところが異なります。共通点は、「従来の年功序列ではない処遇実現」といったところでしょう。

ゆえに、「成果主義」への制度変更は、各人の勝手解釈のまま、総論賛成・各論反対になりがちです。そこで、「成果主義」を指向した人事制度の設計・運用のポイントを3つにまとめてみます。

①思想（コンセプト）：なぜ成果主義なのかを明示し、関係者へ共有することが必要です。この思想がないと、制度という手段が目的化することになりがちです

②「成果」を中心とした制度（システム）：何を成果として重視し、どのように評価し、報酬や昇格・昇進などの処遇に連動させるのかを明確化し、制度全体としての一貫性・整合性を担保することが必須です

③ルールに即した運用（オペレーション）：ルールどおりの運用が肝要です。「仕事」と「人」の評価が切り分けられず、思想・制度は「成果主義」を指向しつつ、運用が「年功序列」的となる場合が少なくありません

成果主義人事制度のポイント

思想（コンセプト）

1 導入目的：なぜ、成果主義を指向した制度を導入するかの大義名分の明示

2 方針連動：組織の経営方針や戦略・計画等と、制度がどのように連動するのかの明示

3 支援と期待：制度導入にあたって、組織としての支援内容と従業員への期待の明示

制度（システム）

4 成果定義：何をもって成果とするか（定量・定性）の定義

5 評価方法：成果の評価基準をどのように設定し、評価するかの明確化

6 処遇反映：評価結果を、何に、どのように反映し、処遇に結びつけるかの明確化

運用（オペレーション）

7 ルール順守：制度のルールどおりの運用を徹底し、安易な例外的な運用を回避

8 相互牽制：関係者間での健全な相互牽制を働かせて、運用上の目線・基準を統一

9 工夫・改善：運用面での不具合、無理がある場合には、制度も含めて工夫・改善

57 モチベーション理論

▶ マズローとハーズバーグの理論

モチベーション理論として最も広く知られているのは心理学者マズローの欲求の階層性理論です。マズローは人間は低次の欲求が充たされると次の欲求を満たそうとし、最終的には自己実現の欲求を持つと考えました。

心理学者のハーズバーグは、人が仕事で満足を感じる要因と不満足を感じる要因とが別個のものであることを発見し、それぞれを「動機付け要因」と「衛生要因」と名付けました。「動機づけ要因」は仕事そのものに関する要因で、これらが充たされると人は仕事を通じた幸福感を得られます。「衛生要因」は主に環境に関する要因で、これらが充足していないと不満足が生まれますが、充たされても積極的な満足にはつながりません。

▶ 現代にも通じる理論

経営学者マクレガーはマネジャーの部下の動機付けの仕方についての調査からマネジャーの人間観が２つに大別されることを発見し、それぞれを「Ｘ理論」「Ｙ理論」と名付けました。

これらは古典的理論ですが、現代でも通じるものです。現代のモチベーション理論には、マクレランドによる欲求理論、デシによる内発的動機付け理論、ローラーによる期待理論、ロックによる目標設定理論などがあります。

マズローの欲求階層性理論

自己実現（Self-actualization）
自分の本来の可能性を最大限に発揮したい

自尊（Esteem）
他者からの承認、地位、自己信頼感

所属と愛（Love & Belonging）
仲間として受け入れられたい欲求

安全（Safety）
安全と安定の欲求

生理的（Physiological）
生命を維持するための本能的な欲求

ハーズバーグの衛生要因と動機付け要因

衛生要因	動機付け要因	
会社の方針	達成（業績） （Achievement） やりがいのある仕事を通じて 達成感が味わえること	承認 （Recognition） 達成した結果を 上司や同僚に認められること
監督のされ方	仕事そのもの （Work itself） 仕事の中で自己の知識や能力を 生かせること	責任 （Responsibility） 責任のある仕事を 任されること
労働条件	昇進 （Advancement） 組織の中でより高い地位を 与えられること	成長 （Growth） 仕事を通して能力を向上させ、 人間的に成長できること
給与・処遇		
雇用の安全性		

不満を軽減する　　　　　　　仕事への満足と意欲を高める

マクレガーのX理論Y理論

X 理論の人間観	Y 理論の人間観
人間にとって労働は嫌なことであり、できることなら避けたいと思っている	人間にとって労働は自然なことであり、やり方次第で楽しみにもなる
人間は強制や命令をされないと目標達成への努力をしない	人間は自分で設定した目標のためなら努力を惜しまない
人間は自ら責任を果たそうとせず、細かな指図をしないと仕事ができない	人間は条件が整えば自ら責任を引き受け、自発的に仕事を進めていける

58 トータルリワード

▶ 金銭報酬と非金銭報酬に分かれる

　トータルリワードとは、従業員一人ひとりの働きに報いる手段のみならず、自社のカルチャーにフィットした人材をひきつけ、活躍を支援する、Ａ＆Ｒ（アトラクションとリテンション）にも有効な機能する、さまざまなリワード（報酬）のメニューです。

　このメニューは、金銭報酬と非金銭報酬とに大別されます。金銭報酬は、月例給与や賞与などの定期的に支払われる「直接報酬」と、社会保険料などの「間接報酬」に分かれます。非金銭報酬は、やりがいや面白さなど「仕事」自体に関するものと、働きやすさや職場の仲間など「働く環境」とに分かれます。

▶ マネジメントが難しい理由

　ハーズバーグは、仕事満足に関わる要因を「動機付け要因」、ないと不満になる要因を「衛生要因」として峻別しています。直接報酬のうち、月例報酬や賞与が不満に関わる要因、それ以外が満足に関わる要因となります。

　多様な従業員のＡ＆Ｒを目的として、金銭報酬より非金銭報酬へ、さらには仕事より働く環境への拡充を重視した施策を重視する傾向が見られます。動機付け要因である非金銭報酬は、企業・職場や従業員一人ひとり異なるところが人材マネジメント上の難しさとなります。

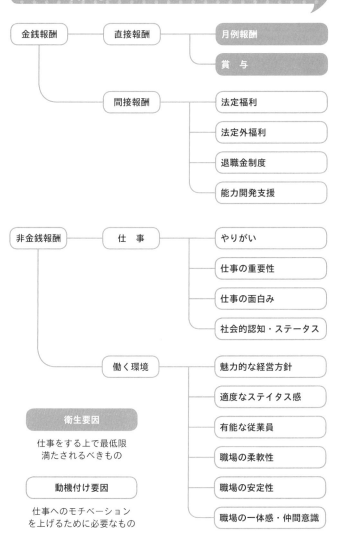

代表的なトータルリワードのメニュー

金銭報酬 ─── 直接報酬 ─── 月例報酬
                       賞　与

         ─── 間接報酬 ─── 法定福利
                       法定外福利
                       退職金制度
                       能力開発支援

非金銭報酬 ─── 仕　事 ─── やりがい
                      仕事の重要性
                      仕事の面白み
                      社会的認知・ステータス

          ─── 働く環境 ─── 魅力的な経営方針
                       適度なステイタス感
                       有能な従業員
                       職場の柔軟性
                       職場の安定性
                       職場の一体感・仲間意識

衛生要因

仕事をする上で最低限
満たされるべきもの

動機付け要因

仕事へのモチベーション
を上げるために必要なもの

59

MBO（目標管理制度）

▶ 制度運用に課題

　ＭＢＯとは、多くの企業で採用されている業績評価の手法の一つです。Management by Objectives and Self Controlの略で、ドラッカーが自書で提唱したのが始めとされています。

　目標管理の流れは、期初の目標設定、期中での運用、期末での評価・フィードバックの３つのステップとなります。いずれのステップでも、メンバーと上司間でのコミュニケーションが重要となります。

　広く導入されている割には、ベスト・プラクティスが少ないのが、このＭＢＯと言えます。コンサルティングの現場でも、ＭＢＯの制度運用に課題を抱えている企業が少なくありません。

　ＭＢＯをうまく運用するためのポイントを整理します。
①目標設定の基準を合わせる：ジョブ型企業では、職務記述書や成果責任により目標設定が容易です。他方、メンバーシップ型企業では、職務記述書がないことがほとんどで、目標設定をきちんと行う必要があります。
②目標設定時と同様、評価も上から行う：目標設定時と同様に、評価もトップダウンで上位から評価し、連動させることが重要です。往々にして、評価はボトムアップの評価となり、組織が目標を達成していなくとも、構成員が達成しているような状態がよく見られます。

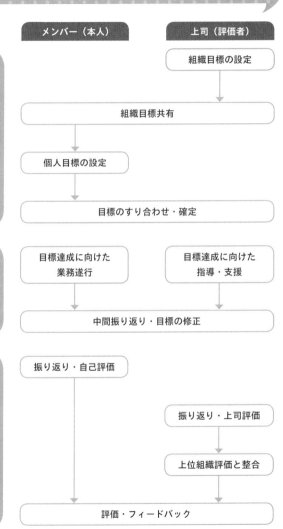

MBO（目標管理制度）の流れ

メンバー（本人）　上司（評価者）

期初目標設定

組織目標の設定

組織目標共有

個人目標の設定

目標のすり合わせ・確定

期中運用

目標達成に向けた業務遂行

目標達成に向けた指導・支援

中間振り返り・目標の修正

期末評価・フィードバック

振り返り・自己評価

振り返り・上司評価

上位組織評価と整合

評価・フィードバック

60 OKRと ノーレーティング

▶ **IT業界から導入**

　ＯＫＲとは、インテル創業者のアンディ・グローブ氏が始めたとされるマネジメントツールで、グーグルなどのＩＴ業界での導入事例により、注目されています。ＭＢＯとの大きな違いは、以下の３点となります。

・目標の設定から進捗・結果まで全社に公開
・目標に対する達成は60～70％程度が基準
・処遇や昇格・昇進への直接の連動・活用はなし

　日本の企業でも、ＯＫＲを導入する事例が見られるようになりましたが、まだ一部に限定されています。

　ノーレーティングとは、文字どおり「評価を行わない」という考え方です。プロジェクト型の仕事の増加や、業務やタスクの進捗スピードが加速するなかで、機動的に目標設定やフィードバックを行う考え方で、従来の評価制度と以下の３点で違います。

・上司とメンバーでの目標設定や評価は随時実施
・頻度高いコミュニケーションでメンバーの成長支援
・昇給・賞与は上司の裁量でメンバーへの配分決定

　ＯＫＲやノーレーティングにあたっては、機動的な目標設定や進捗共有の社内インフラの整備や本社から現場・ラインへの裁量の委譲、さらにはマネジメントのマインドセットの切り替えなど、さまざまなハードルが考えられます。

OKR（Objectives & Key Results）の概要

思想
（コンセプト）

個人・チーム単位で野心的な目標を設定し、進捗や結果も含めて全社で共有することで、自律性とコラボレーションやチャレンジを喚起

制度
（システム）

大胆かつ重要な Objective（目標）に絞り込み、1つの Objective に対して3つ程度のわかりやすい Key Results（指標）を設定し進捗・結果を共有

運用
（オペレーション）

パフォーマンス評価となる Key Results を、処遇（昇給・ボーナス）や、昇降級等の人事制度へは直接連動せず、あくまでも参考情報として扱う

ノーレーティングの概要

思想
（コンセプト）

プロジェクトやタスクの節目やタイミングに応じて、リアルタイムでの目標設定と進捗共有を通じてパフォーマンス向上とメンバーの成長を支援

制度
（システム）

人事評価を行う代わりに、昇給・ボーナスの原資をマネジャーが自在に決定・分配し、昇格・昇進もタレントレビュー等の会議や委員会で決定

運用
（オペレーション）

1on1 等のリアルな場面やバーチャルでのコミュニケーションを通じて、定期的かつ頻度高くフィードバック・フィードフォワードを繰り返し実施

61 ジョブローテーション

▶ ジェネラリスト育成が目的

　異動・配置と人材育成を両立させる仕組みとして、日本の企業では従来から行われてきた人材マネジメント手法の一つです。多くの企業で従来から共通するジョブローテーションの目的は、「ジェネラリストの育成」です。若年時から計画的に、さまざまな組織や職場を経験させ、社内でのネットワークを広げ、バランス感覚を持ったジェネラリストに育てます。

　また、社内において従業員と仕事をうまくマッチングさせる仕組みとして、つまり、「適材適所の実現」を目的としたローテーションも見られます。

▶ 多様な働き方に対応したやり方も

　社内の多様な働き方の実現や、仕事の高度化・専門化の流れで、「専門性の拡充」を目的としたローテーションも意識され始めています。従業員の産休・育休や介護休業などを想定し、複数の専門・得意領域を持つことで仕事・職場への復帰や活躍を支援する意味合いです。

　ジョブローテーションのパターンとしては、「10年3場所」と言われるような定期的ローテーションから、組織や職場のニーズに応じた時限的なショートローテーション、プロジェクト単位での機動的なスポットローテーションなど、企業によって工夫が見られます。

ジョブローテーションの代表的な目的

ジェネラリスト育成
将来の経営幹部の人材育成を目的に、採用後から計画的にさまざまな組織や職場での経験蓄積を支援する

適材適所の実現
従業員の特性や志向を踏まえて、複数の職種での経験を付与し、専門・得意領域の形成を支援する

専門性の拡充
1つの専門性のみならず、複数の専門性・領域を持つようなローテーションを行い、従業員の専門性の幅を広げる

ジョブローテーションの主なパターン

定期的ローテーション
「10年3場所」と言われるように、一定期間で、定期的に組織・職場が変わる異動・配置を行う

ショートローテーション
組織や職場の短期間のニーズに対応し、数週間〜半年程度の時限的なローテーションを行う

スポットローテーション
プロジェクトでの人材不足や、緊急対応時などに、数日から数カ月程度の短期的なローテーションを行う

62 コンピテンシー

コンピテンシー（Competency）とは、採用や異動・配置、人事評価や育成に広く活用されている特性の一つです。さまざまな定義がありますが、「継続的・安定的に、高い成果を創出するために必要となる特性」と言えます。

成果主義へのシフトを契機に、このコンピテンシーを取り入れるケースが多く見られました。従来の「積極性」や「協調性」のような情意評価と、「〜ができる」で表現される保有能力評価から、実際の発揮・顕在化された行動を評価するコンピテンシーへの変更です。

本来、さまざまな目的に応じて、柔軟に活用しうるコンピテンシーを、人事評価における行動評価での活用に終始・矮小化している事例が多く見られます。

コンピテンシー活用の２つのポイントを整理します。

①採用、異動・配置目的：能力・指向・性格重視

採用や異動・配置での活用は、先天的・属人的な要素がポイントとなります。知的能力や指向・性格を重視したコンピテンシー活用が有効です

②評価・育成目的：知識・スキルと思考・行動重視

毎年・毎期の人事評価や人材育成での活用には、評価・フィードバックにより改善・開発できる要素がポイントとなります。思考・行動はもちろんのこと、その前提となる知識・スキルもカバーした活用が有効です

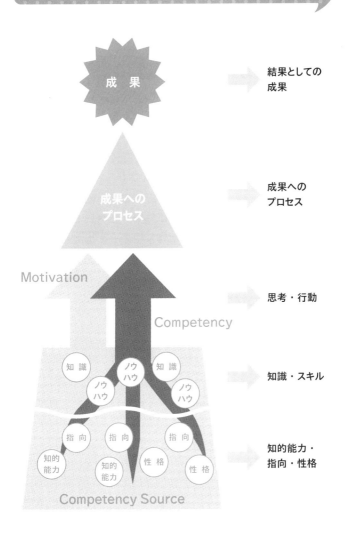

結果としての
成果

成果への
プロセス

思考・行動

知識・スキル

知的能力・
指向・性格

63 エンプロイー・エクスペリエンス

▶ EX向上に関心が高まる

エンプロイー・エクスペリエンス（ＥＸ）とは、「従業員が所属する組織の中で働くことによって経験する、心理的・認知的な価値」です。

ＥＸは、成長実感や満足度のみでなく、健康状態や組織の一体感など、多様な経験の価値から構成されます。また、従業員自身の業務遂行のみでなく、同僚との関わり、また企業の経営活動や人事施策・イベントなど、あらゆる組織と人、人と人の関わりによって形成されます。

顧客の経験価値（カスタマー・エクスペリエンス：ＣＸ）向上への関心が高まっているのと同様に、優秀な人材に選ばれ、その力が存分に発揮される環境を作るため、ＥＸ向上への関心が高まっています。

▶ 従業員の視点から発想する

ＥＸ向上のためには、「従業員がどのような場面で、どのように感じるか」を管理者の視点ではなく、従業員の視点から発想することが重要です。また、点ではなく、線や面で考えることが重要です。

よって、採用から退職に至る時系列の中で、従業員がどのようなＥＸを得るのかを可視化・具体化するためにエンプロイー・ジャーニー・マップを描き、それに基づいてさまざまな施策を検討・実施することが大切です。

エンプロイー・ジャーニー・マップの例

場　面	従業員に感じてほしいこと	従業員の現状	EX向上のための施策
応募〜採用	入社にあたっての不安がない	先輩はいい人そうだが、具体的な仕事がいまいちわからない	実際の仕事状況を面接時に丁寧に伝える
オンボーディング	組織の一員として受け入れられていると実感する	先輩たちが忙しそうで、声をかけられない	OJT担当を明確にし、その担当がOJTに力を注げるようにする
配置・配属	配置・配属先に納得できる	期待していた配属先とは異なり、不安・不満	単に配属先を伝えるのではなく、本人への期待を明確に伝える
育　成	身につけたいと思ったことが、身についている	何のための研修か分からなかった	研修の目的を人事・上司の双方でわかりやすく伝える
業務遂行	仕事にやりがいが感じられている	やりがいはあるが、負荷が高い	テレワーク導入など、働きやすさを向上させる
評価・報酬	評価・報酬に納得感があり、今後の成長課題も明確になる	評価は高かったが、何が評価されているのかがわからない	評価結果のみでなく、評価している点、今後の成長課題を伝える
退　職	友人や知人に勧めてもいい会社だと思う	業務負荷が高く、友人や知人に勧めるかは悩ましい	働きやすさを向上させるとともに、退職時に本人への感謝を伝える

64 HRテクノロジー

▶ 活用者と活用範囲が急拡大

　HRテクノロジーとは、人事・労務業務、また働き方を支えるシステムやアプリケーションの総称です。短縮して、HRテックと呼ばれることもあります。

　勤怠管理や給与計算のシステム化など、以前からHRテクノロジーは活用されてきました。近年では、ペーパーレス化や働き方改革によるIT活用の推進、ビッグデータやAIによる機能や利便性の向上、またクラウド・サービスの利用による導入コストの低下など、さまざまな要因に後押しされ、HRテクノロジーの活用範囲と活用者の裾野の双方が急速に拡大しています。

▶ HRテクノロジーの種類

　HRテクノロジーの例として、採用管理システム、ラーニング・マネジメント・システム、タレント・マネジメント・システムなどの管理システムがあります。また、企業と求職者をつなぐジョブ・ボード、社内外とのコミュニケーションのためのビジネス・チャット、エンゲージメント向上のためサーベイなどもあります。

　HRテクノロジーは、人事・労務業務の効率性の向上にとどまらず、人事・労務業務の質、そして働きやすさなどエンプロイー・エクスペリエンスの向上も促すものとして、今後の発展が期待されています。

さまざまなテクノロジーとその効能

デジタル	クラウド	SaaS
業務プロセス、データを一元管理できる。	端末や場所の制限なく、アクセスできる。	初期導入コストが安価で、常に最新版が利用できる。

データ	マルチ・モーダル
予測精度の向上や、パーソナライズ化ができる。	文字、音声、画像など、さまざまな情報が利用できる。

HR テクノロジーと導入効果の例

領 域	HR テクノロジーと導入効果の例
採 用	・**採用管理システム**：採用業務の一元化 ・**ビデオ面接**：面接訪問の負荷軽減 ・**ジョブ・ボード**：求職者のマッチング精度向上
要員管理	・**要員管理システム**： 　例　コールセンターのシフト最適化
育 成	・**ラーニング・マネジメント・システム**： 　育成業務の一元化 ・**e ラーニング**：学習の効率化と利便性向上
人事管理 （配置／評価／等級／報酬）	・**タレント・マネジメント・システム**： 　人事管理業務の一元化、配置の効率化と効果向上
労務管理	・**人事労務管理クラウド**：諸手続きのペーパーレス化 ・**勤怠管理システム**：正確性の向上と関連業務の効率化
組織開発	・**パルス・サーベイ**：個人・組織コンディションの把握 ・**コミュニケーション可視化**： 　組織コンディションの把握
業務遂行	・**ビジネス・チャット**：場所の制限なく、 　スムーズな業務遂行を実現
退職者コミュニケーション	・**SNS など**：企業と退職者、退職者同士の緩やかなつながりを維持

65 タレント・マネジメント・システム

タレント・マネジメント・システム（ＴＭＳ）とは、社内の人材情報を一元管理し、活用するためのシステムの総体です。ＴＭＳは、「従業員一人ひとりの持ち味や特性を見極め、最も能力を生かせる適所に配置して、会社の業績向上と従業員のリテンションをどちらも実現させる統合的な取り組み」を支援するシステムです。

よって人材情報の蓄積だけではなく、従業員個々人別に経歴やスキルを統合的に確認したり対象となる人材を検索したりするためのプロファイル機能をはじめ、目標管理やパフォーマンス管理を行う機能、採用管理を行う機能、学習管理を行う機能などを備えています。

ＴＭＳ導入のメリットには、以下があります。

・拠点別従業員数など、人材データをダッシュボードとして確認することで要員計画がしやすくなる
・従業員個々人の保有能力と希望するキャリアのギャップを把握した上で、適切な人材開発を行うことができるようになる
・経営幹部などが、直接面識がない人材の特徴を把握することで、広い範囲から後継者候補の選抜ができる

なお、従業員個々人に関するデータが蓄積されなければ、これらのメリットが実現できないため、活用の成功のためには現場の巻き込みが欠かせません。

TMSの全体像（例）

| 企業戦略 | 戦略と目標、要員計画との連鎖 | 最適人材の発掘と育成 | コラボレーション強化と結果分析 | 成果 |

要員計画

採用管理　学習管理

要員分析

目標と評価

報酬管理　後継者管理とキャリア開発

社内SNS

社員セントラル／プラットフォーム

プロファイル機能のイメージ

顔イメージ	**山田太郎**
	営業1部1グループ

異動歴

部署	発令年月日
営業1部1グループ	2019/04/01
営業2部3グループ	2017/4/01

研修受講歴

研修名	受講年月日
ファイナンス（基礎）	2019/01/25
アカウンティング（基礎）	2018/5/15

66 アンコンシャス・バイアス

▶ 意識していない偏見

　アンコンシャス・バイアスとは、自らが意識していない（アンコンシャス）、ものの見方・考え方・捉え方のゆがみ・偏り（バイアス）をいいます。

　この言葉が注目される契機となった一つが、２０１８年５月に米国スターバックスが行ったアンコンシャス・バイアスのトレーニングです。注文せずに居座り、退店を拒否したとして、黒人男性２人が逮捕されました。しかし、２人は待ち合わせをしており、いずれ注文する予定でした。黒人でなければ、通報しなかったと思われ、この事件をきっかけに全米８０００店舗で一斉にトレーニングを実施しました。

▶ より「意識的」に取り組むべき

　人材マネジメント上でのアンコンシャス・バイアスは３つの従業員の属性に起因することがほとんどです。昨今は、性別のみならず、職種やキャリアコースに関連するバイアスが問題視されるケースが目立ちます。

　通年採用や中途採用が活発になるにしたがって、新卒・中途採用という入社歴、統合・吸収・合併後の旧社のバイアスも経営課題としてクローズアップされています。従業員の流動性、社内の多様性が高まるなかで、より意識的（コンシャス）に取り組むべき問題と言えます。

人材マネジメントでのアンコンシャス・バイアスの典型例

男　女	単純に男性・女性の性別により発生するバイアス
職　種	総合職と一般・業務職や、キャリアコース・パスによるバイアス
社　歴	新卒か中途採用、合併・吸収での旧社、合弁企業でのA社・B社など、出自によるバイアス

人材マネジメントにおけるアンコンシャス・バイアスの影響

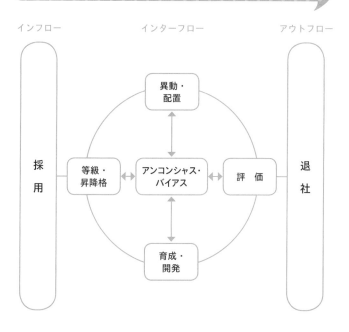

67 イグジット・マネジメント

▶ 量の問題と質の問題

　組織の出口となる退社（イグジット）を戦略的・計画的に行うことです。イグジット時の施策のみならず、そこに至るプロセスを含めたマネジメントのことです。

　イグジット・マネジメントが注目される背景は大きく2つあります。バブル世代のシニア化です。高年齢者雇用安定法での65歳までの雇用義務に、70歳までの雇用の努力義務が加わる見込みで、総額人件費や社内の新陳代謝などの点から、喫緊の課題になりつつあります。

　バブル世代という量の問題のみならず、質の問題もあります。それが従業員の「既存不適格」化です。入社時や昇格時には要件を満たしたとしても、その後の環境変化による新たな要件を満たさない従業員が目立ち始めています。昨今ではLP（Low Performer）問題として、本格的に対応し始める組織が増えています。

　イグジット・マネジメントの施策の2つのポイントは以下となります。

①早期かつ定期のキャリアを考える機会の設定：20代・30代から、キャリアの節目での研修などで、自らのキャリアに向き合い、考える機会を付与

②社外転出を前提とした多様な支援策の設計：従業員の自己責任・努力とせず、社外転出を前提とした多様な支援策を設定

イグジット・マネジメントが必要とされる背景

| バブル世代のシニア化 | 1980年代後半から1990年代初めに大量に入社したバブル世代が、続々と60歳に到達しシニア化 |

| 従業員の「既存不適格」化 | 技術革新によるビジネスモデルの変化が加速するなかで、人材要件が変わり、適合できない従業員が存在 |

| 多様な働き方の実現 | 入社から定年退職まで1つの会社・1つの雇用形態にとらわれず、働き方に対して複数の選択肢を提供 |

イグジット・マネジメントの代表的な施策例

| 節目でのキャリア研修 | キャリアの節目となるタイミングで、自らのスキル・経験の棚卸しや今後のキャリアプランを考える機会を付与 |

| 社外転出ありきの支援策の拡充 | 社外転出に向けた、デュアルワーク（副業）や休業を認めたり、転出時における金銭的なインセンティブを付与 |

| 雇用形態の変更・再就職支援 | 正社員から嘱託・契約社員への切り替えによる継続雇用や、社内外の関係先等への再就職を支援 |

ジョブ型人事制度のワナ

　ジョブ型の人事制度の検討・導入をすすめる日本企業が急増しています。ほとんどの場合、国内での本格的なジョブ型人事制度の導入は未経験であり、人材マネジメントにおける新たなチャレンジとなりつつあります。

　メンバーシップ型の企業が、ジョブ型にシフトする際に直面する課題の1つが、社員の「既存不適格」化です。「既存不適格」とは、建設時に適法だったが建物が、その後の法改正で不適格となることです。これまでの職能制度や役割等級で昇級・任用されてきた社員が、自らのポストに対して定義されたジョブの要件を満たすことができず、「既存不適格」となるのです。

「既存不適格」の比率は、より上位の資格や等級にいる社員ほど多くなりがちです。「就社」意識が強く、ジョブローテーションを経て、ゼネラリストとして経験を積んできた彼らにとり、ジョブ型への変更は、「後出しじゃんけん」そのものでしょう。

　若手・中堅層に関しては、ジョブ型に合わせたキャリアの再構築や育成・開発による仕切り直しが可能です。他方で、ベテラン・シニア層に関する施策は限られます。あえて定年までやり過ごすか、本人が要件を満たすジョブへの再配置がよく見られるところです。

　ジョブ型へのシフトは、採用方法から現場への権限・裁量の拡充までの幅広い変更が必須です。本格導入が進むなかで、既存の社員を「適格化」するには、思いのほか時間と労力が必要となるはずです。

第 5 章

働き方とキャリア

68 人生100年時代の キャリア

▶ 高齢になっても働く必要性

『LIFE SHIFT』が2016年に出版され、「人生100年時代」という言葉が一気に広まりました。2007年に日本で生まれた子供の半数は107歳まで生きるという予測もあり、私たちは長い人生に向き合うことになります。少子化が伴う長寿化であり、若者が高齢者を支えることも難しくなり、経済的基盤という観点で、高齢になっても働く必要性は高まっています。

▶ キャリア・チェンジを繰り返す

一方で、仕事そのものが人工知能やロボットに代替されることも予想され、仕事の寿命は短くなっていきます。長い期間働かなければいけない一方で仕事が短命化するということは、私たちは、長い人生の間でキャリア・チェンジを繰り返す必然性が高まったということです。

学校を卒業し、ある会社に入社し、定年まで勤め上げるというモデルは、徐々に過去のものとなります。世の中の状況に合わせて、あるいは、自らの人生設計に合わせて、自らのキャリアを変え、時には新しい仕事に就くために学び直しを行い、時には育児や介護や地域活動に時間を割くというモデルが一般的になっていきます。そこでは、個人が主体的に自らのキャリアに責任を持つということが前提になります。

労働力人口

65歳以上割合

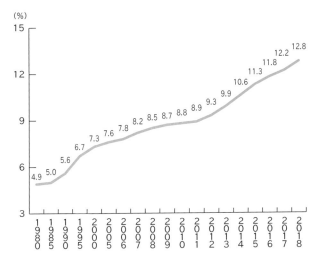

(%)

15

12 — 12.2 12.8

11.8

11.3

10.6

9.9

9.3

8.5 8.7 8.8 8.9

9 — 8.2

7.6 7.8

7.3

6.7

5.6

6 — 5.0

4.9

3 —

1980 1985 1990 1995 2000 2005 2006 2007 2008 2009 2010 2011 2012 2013 2014 2015 2016 2017 2018

(出所)総務省「労働力調査」

マルチ・ステージのライフ・キャリア

世の中の状況や自らの人生設計に合わせて、仕事での役割、
仕事以外の役割(家族や地域や学業や趣味)や住む場所も変化する。
その変化は、必ずしも連続ではない。

これからのライフ・キャリア

これまでのライフ・キャリア

69 働く目的

▶ ケインズの予測

　経済学者のケインズは、1930年に発表したエッセイの中で、100年後には1日3時間、週15時間働けば、経済的な問題はなくなるという主旨の予測をしています。実際、多くの先進国では、十分に豊かになっていますが、労働時間の予測は大きくはずれて、多くの人は週40時間以上働いています。働く目的が単に衣食住を満たすことだけでないことがわかります。

▶ お金のためだけに働くわけではない

　内閣府の「国民生活に関する世論調査」によると、働く目的は、56.4%は「お金を得るため」。17.3%は「生きがいを見つけるため」。14.5%は「社会の一員として、務めを果たすため」。7.9%は「自分の才能や能力を発揮するため」です。統計数理研究所「日本人の国民性調査」によると、6割以上の日本人が、十分なお金があったとしても働き続けると答えています。働く目的は、お金のためだけでもないことがわかります。

　働くことは「達成」や「成長」などの自己実現欲求や「尊敬」「感謝」などの社会的欲求にもつながります。働くことそのものが楽しいということもあるでしょう。働く目的は、多面的と言えるでしょう。

働く目的

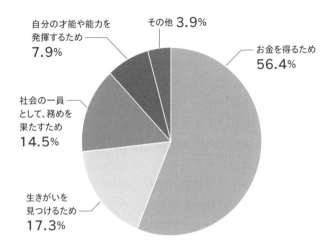

- お金を得るため **56.4%**
- その他 **3.9%**
- 自分の才能や能力を発揮するため **7.9%**
- 社会の一員として、務めを果たすため **14.5%**
- 生きがいを見つけるため **17.3%**

（出所）内閣府（2019）「国民生活に関する世論調査」から作成

多面的な働く目的

金銭

社会的地位

自己実現欲求

社会的欲求
「承認」「尊敬」「帰属」
「貢献」「評判」「感謝」

規則正しい生活

暇つぶし

70 キャリア自律

▶ 1990年代後半から注目される

　キャリア自律とは、「自らのキャリアに対して主体的に自らの責任を持っている状態」を指します。このような考え方は、1990年代後半から提唱されるようになりました。1990年代前半までは、組織側が事業の動向に合わせて、従業員の異動や昇進・昇格などを決める傾向が強く、個人のキャリアは、組織に依存していました。

　ところが、バブル経済が崩壊し、企業業績が低迷し始めると、早期退職を促し、過剰な人件費の圧縮を試みる企業が増加しました。また、大型金融機関の破綻や廃業が起こったこともあり、雇用の安全は保障されるものではなくなりました。そのような背景のなかで、キャリア自律が提唱されることになりました。

▶ 高くない自律度

　しかしながら、現在、キャリア自律度は必ずしも高い状況ではありません。調査によると、「主体的なキャリア形成ができている」と思っている中堅社員は3割程度です。人生100年時代ということを考えてみると、企業にとっても個人にとっても、改善を図らなければならないと言えるでしょう。キャリア自律を促進するためには研修を行うだけでは難しいでしょう。キャリア自律を促す仕組みや風土の醸成も同時に必要になってきます。

「よくできている」「できている」「どちらかといえばできている」の合計

社会人になると、キャリア自律度は減少していく

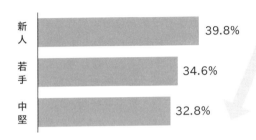

新人	39.8%
若手	34.6%
中堅	32.8%

（出所）リクルートマネジメントソリューションズ
「新人・若手の意識と学習・キャリアに関する調査　2013」

キャリア自律を促進させるための観点

従業員のキャリア自律を促進させるためには、会社全体としての
ポリシー、制度、上司の関わり方、組織風土というように多方面
の関与が必要である。

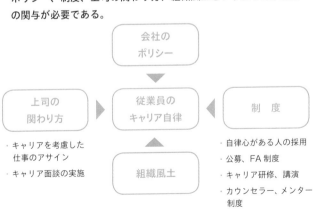

会社の
ポリシー

上司の
関わり方

従業員の
キャリア自律

制　　度

組織風土

・キャリアを考慮した
　仕事のアサイン
・キャリア面談の実施

・自律心がある人の採用
・公募、FA 制度
・キャリア研修、講演
・カウンセラー、メンター
　制度

71 働き方改革

▶ 働き方改革の目的

　2018年7月、働き方改革関連法が成立しました。厚生労働省によれば、「少子高齢化に伴う生産年齢人口の減少」「育児や介護との両立など、働く方のニーズの多様化」を背景に、「就業機会の拡大や意欲・能力を存分に発揮できる環境を作ること」を重要課題とし、働く人の個々の事情に応じて、「多様な働き方を選択できる社会」の実現と「一人ひとりがより良い将来の展望」を持つことを目指すとあります。具体的には、長時間労働の是正、多様で柔軟な働き方の実現、雇用形態にかかわらない公正な待遇の確保（同一労働同一賃金）などです。

▶ 対話をしながらの変革を

　企業においては、目的や優先順位に応じて、生産性（長時間労働是正、業務改善・効率化など）、多様化（均等処遇、育児・介護・傷病治療両立など）、柔軟化（働く場所や時間の柔軟化など）といった多岐にわたる施策の導入が必要となります。推進にあたっては、事業や職場の状況に応じた運用や、現場の管理職の負荷、社内外での商習慣を変えることに難しさがあるようです。

　事業の強みを強化・再構築するとともに、従業員の働きやすさと働きがいを高めるよう、現場と対話をしながら変革を推進していくことが求められるでしょう。

働き方改革関連法の概要

Ⅰ 働き方改革の総合的かつ継続的な推進

Ⅱ 長時間労働の是正、多様で柔軟な働き方の実現等

① 労働時間に関する制度の見直し
（時間外労働時間の上限設定、高度プロフェッショナル制度の創設等）

② 勤務間インターバル制度の普及促進等

③ 産業医・産業保健機能の強化

Ⅲ 雇用形態にかかわらない公正な待遇の確保

① 不合理な待遇差を解消するための規定の整備

② 労働者に対する待遇に関する説明義務の強化

③ 行政による履行確保措置及び
裁判外紛争解決手続（行政 ADR）の整備

（出所）厚生労働省　公布資料より抜粋

企業における働き方改革　推進施策の全体像

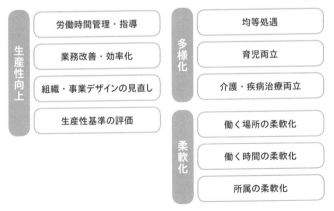

生産性向上
- 労働時間管理・指導
- 業務改善・効率化
- 組織・事業デザインの見直し
- 生産性基準の評価

多様化
- 均等処遇
- 育児両立
- 介護・疾病治療両立

柔軟化
- 働く場所の柔軟化
- 働く時間の柔軟化
- 所属の柔軟化

（出所）リクルートマネジメントソリューションズ（2019）
「『働き方改革』と組織マネジメントに関する実態調査」

72 同一労働同一賃金

▶ 不合理な待遇格差を解消

　同一労働同一賃金の導入は、同一企業・団体における
いわゆる正規雇用労働者（無期雇用フルタイム労働者）
と非正規雇用労働者（有期雇用労働者、パートタイム労
働者、派遣労働者）の間の不合理な待遇差の解消を目指
すものです。2018年7月、パートタイム労働法が「パ
ートタイム・有期労働法」に改正（2020年4月施行・中
小企業は2021年4月施行）。あわせて労働者派遣法も改
正され、公正な待遇の確保対策の対象者は、パートタイ
ム労働者に加え、有期雇用労働者、派遣労働者まで拡大
されました。改正のポイントは、不合理な待遇差の禁止、
労働者に対する待遇に関する説明義務の強化、行政によ
る事業主への助言・指導等や裁判外紛争解決手続の整備
の3つです。

　ここでいう「同一労働」とは、職務の内容（業務内容
と責任の程度）、人材活用の仕組みや運用など（人事異
動の有無と範囲、役割の変化など）において、同一かど
うかを判断することになります。「同一賃金」に関して、
考慮すべき「待遇」とは、基本給、昇給、賞与、各種手
当といった賃金にとどまらず、福利厚生や教育訓練のほ
か、休憩、休日、休暇、安全衛生、災害補償、解雇など、
労働時間以外のすべての待遇が含まれ、それぞれの待遇
について、合理性を判断することが必要となります。

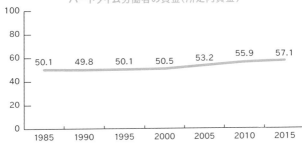

賃金格差の推移

フルタイム労働者の賃金を100とした場合の
パートタイム労働者の賃金（所定内賃金）

50.1	49.8	50.1	50.5	53.2	55.9	57.1

1985　1990　1995　2000　2005　2010　2015

（出所）厚生労働省「同一労働同一賃金の実現に向けた検討会」資料

同一労働同一賃金とは

1　同じ企業で働く正社員と短時間労働者・有期雇用労働者との間で、基本給や賞与、手当などあらゆる待遇について、不合理な差を設けることが禁止されます。

2　事業主は、短時間労働者・有期雇用労働者から、正社員との待遇の違いやその理由などについて説明を求められた場合は、説明をしなければなりません。

同一労働同一賃金　対応のための手順

従業員の雇用形態と待遇状況の確認

待遇に違いがある場合、理由の確認と「不合理ではない」ことを説明できるように整理

「法違反」が疑われる場合、改善計画の立案

（出所）厚生労働省　パートタイム・有期雇用労働法　対応のための取組手順書を基に作成

73 長時間労働

▶ 時代と共に変遷

「長時間労働」には明確な定義はありません。ひとつの参考として、ILOが発表している「長時間労働」（週49時間以上）が挙げられます。

　日本の労働法は、時代とともに、労働者保護の観点で心身の健康を守ることに加えて、ワーク・ライフ・バランスや多様な働き方への対応を目指そうとしています。最低労働条件を定めた戦後の労働基準法の制定以降、長時間労働是正、労働時間規制の弾力化を進めてきました。三六協定や時間外・休日労働の割増賃金に加えて、2018年には、時間外労働の上限規制が導入されました。

▶ 多面的・構造的に考える必要性

　働き方改革の中核を成す長時間労働是正ですが、実際に企業で取り組むにあたっては、商習慣、職場風土や上司マネジメント、仕事の特徴、個人の能力や価値観、生活給としての割増賃金への期待など、多岐にわたる要因に目を向ける必要があります。表面上の時短から一歩踏み込んだ生産性向上に取り組むには、事業特性や商習慣、職務設計、評価・報酬制度設計、企業文化・職場風土の醸成、現場マネジメントの支援、個人の能力・自律性の向上、個別事情への配慮など、多面的・構造的に考えていくことが求められます。

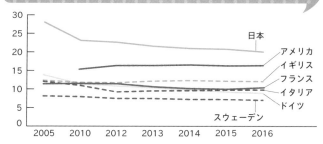

長時間労働の割合

ここでいう長時間とは、ILOSTATの労働時間別就業者統計において，上記掲載国に共通する最長の区分である週49時間以上を指す。原則，全産業，就業者（パートタイムを含む）を対象。

（出所）独立行政法人 労働政策研究・研修機構 （2018）データブック国際労働比較 2018

長時間労働是正の施策例

労働時間管理・指導　年次有給休暇取得の奨励、客観的な労働時間の把握、残業禁止・早帰り推奨、長時間労働抑制のための管理職への一律教育・個別指導、長時間労働抑制のための従業員への研修やワークショップ実施、勤務間インターバル制度の導入

業務改善・効率化　出張・移動を減らすためのツールの導入、資料のペーパーレス化、業務フローの改善、会議の効率化、内向き仕事（社内稟議・決裁・報告・連絡など）の簡便化・削減、業務効率化の知識・スキル教育の実施、業務知識・情報の不足を補うためのナレッジシェアや情報開示

組織・事業デザインの見直し　業務の重複解消や連携改善を目的とした組織体制の見直し、一人当たりの業務負荷の軽減を目的とした増員配置、自社からの発注先への関係性・商習慣の見直し、顧客や取引先との関係性・商習慣の見直し、生産性の高い業務に集中するためのビジネスモデル・戦略の見直し

生産性基準の評価　「成果」を基準とした評価の導入・実施、管理職の評価基準に、部下の長時間労働抑制・残業時間削減などを明記、「時間当たり生産性」を基準とした評価の導入・実施、残業代に代わる報酬やインセンティブの導入

（出所）リクルートマネジメントソリューションズ （2019）
「『働き方改革』と組織マネジメントに関する実態調査」

74 女性活躍推進

▶ これまでの流れ

国際的な男女差別撤廃の動きのなかで、1986年男女雇用機会均等法の施行と同時に、労働基準法の女性保護規定の緩和が行われ、1999 年には男女雇用機会均等法の強化と同時に労働基準法においても母性保護規定以外の女性保護規定の廃止が行われました。

そして、2007 年男女雇用機会均等法の改正では、男女双方に対する差別を禁止する法律となりました。育児・介護休業法における仕事と家庭の両立支援も進められ、男性の育児参加促進として、2009年パパ・ママ育休プラス、2017年育児目的休暇が新設されました。

▶ 一定の成果はあったが、課題も残る

女性活躍推進法（10年間の時限立法）が施行され、301人以上の労働者を雇用する事業主は、2016年4月より、①自社の女性の活躍状況の把握・課題分析、②行動計画の策定・届出、③情報公表などを行うことが義務付けられました。公表情報はデータベースで検索可能で、優良企業は「えるぼし」認定を受けることができます。

これらの取り組みを経て、いわゆる「M字カーブ」の底は上昇するという一定の成果を見せていますが、実際の働きがいは各企業、職場に委ねられ、就業者の実感という観点で、課題も多いようです。

30年間にいわゆる「M字カーブ」の底は上昇

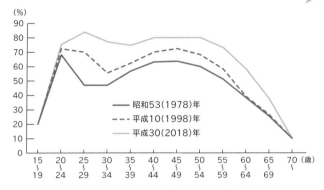

凡例:
- 昭和53(1978)年
- 平成10(1998)年
- 平成30(2018)年

(出所) 内閣府男女共同参画局 (2019) 男女共同参画白書 令和元年版

女性活躍推進の取り組み

	女性労働者に対する職業生活に関する機会の提供	職業生活と家庭生活との両立に資する雇用環境の整備
①自社の女性の活躍状況の把握・課題分析	・採用者に占める女性比率 ・管理職に占める女性比率	・平均継続勤務年数の男女差 ・労働時間の状況　　など
②行動計画の策定・届出・周知・公表	〈採用〉 ・選考フロー・基準の見直し 〈配置・育成・評価〉 ・配置の見直し ・人事評価基準の見直し ・女性従業員を対象としたキャリア研修／ロールモデル・事例紹介／ネットワーク形成支援	〈継続就業・職場風土〉 ・両立支援制度の整備 ・柔軟な働き方の実現のための仕組み・制度の整備 ・相談窓口の設置 ・管理職への研修　　など
③情報の公表	・採用者に占める女性比率 ・管理職に占める女性比率 ・男女別の職種又は雇用形態の転換実績	・平均継続勤務年数の男女差 ・労働時間の状況 ・男女別の育児休業取得率　　　　　　　　　　　　など

(出所) 厚生労働省　女性活躍推進法　一般事業主行動計画の策定　を参考に作成

75 新しい働き方

▶ 旧来の働き方との違い

　パラレルキャリア、テレワーク、プロボノ、ワーケーションなどの新しい働き方が、ここ数年、働き方改革とともに注目されています。

　「新しい」働き方に対する従来の働き方、つまり古い働き方には、以下のような特徴があります。「男性正社員が中心」「長時間労働」「有給休暇をあまり取得しない」「地域活動を行わない」「キャリアは会社に依存している」「60歳の定年までひとつの会社で勤め上げる」「朝早くから夜遅くまで職場で働く」「金銭と地位が働く目的」といったものです。

▶ 一過性のブームではない

　逆に、新しい働き方は、「働く人が多様」「労働時間が多様」「働く場所が多様」「所属する組織が多様」「雇用形態が多様」「複数組織の経験」「やる気の源泉の多様化」という要素が入ってきます。そのような働き方を促進している要因には「人口動態」「個人の価値観の変化」「技術の進展」「海外からの圧力」があります。

　それぞれの要因は、一過性のものではなく、これからも継続していくものと思われますので、新しい働き方も単なるブームで終わるのではなく、今後も継続していくものと考えられます。

新しい働き方の要素

働き手の多様化：女性、外国人、高齢者、障害者、LGBT

労働時間の多様化：短時間、フレックスタイム

働く場所の多様化：テレワーク、リモートワーク、ワーケーション

所属する組織の多様化：パラレルワーク、プロボノ

雇用形態の多様化：限定社員、パート、IC

複数の組織の経験：セカンドキャリア、サードキャリア

やる気の源泉の多様化：金銭、社会的地位、仲間と楽しく、成長、
　　　　　　　　　　　　社会貢献、自己実現、意味ある働き方

新しい働き方を促進する要因

① 人口動態に関すること
- 生産年齢人口の減少 ➡ 人材不足 ➡ 多様性の重視
- 少子化 ➡ 両立支援
- 高齢者の増加 ➡ 介護の必要性

② 個人の価値観に関すること
- 仕事観、家族観、結婚観の多様化 ➡ 生涯未婚、共働き
- 長時間勤務の嫌悪、楽しく働くこと、幸福に働くこと　重視
- 一つの会社へ依存することのリスク回避 ➡ 副業、プロボノ

③ 技術の進展
- 働く場所の自由化
- 仕事の消失、仕事のやり方の変革

④ 海外からの圧力
- 女性活躍支援 ➡ 雇用機会均等法 ➡ 両立支援
- 短時間労働 ➡ 労基法、労安法の改正

76 副業・兼業

▶ 個人の意欲は旺盛

　副業・兼業とは、本業のほかに、収入を伴う仕事を持つことを指します。2018年1月に、モデル就業規則における労働者の遵守事項から「許可なく他の会社等の業務に従事しないこと」という規定が削除され、副業・兼業についての規定が新設されるなど、政府や厚生労働省は副業推進の姿勢を示しています。

　個人の意欲は比較的旺盛ですが、企業側の送り出し・受け入れの状況は進んでいません。労働政策研究・研修機構が2018年に行った調査によると、今後、5年先を見据えて副業・兼業を「新しくはじめたい」「機会・時間を増やしたい」と回答した人は 37.0％。副業・兼業を望む理由は「収入を増やしたいから」がもっとも多く、次いで、「自分が活躍できる場を広げたいから」でした。

▶ 副業許可企業は少数

　一方、企業における副業許可は1.1％、許可検討8.4％、許可予定なし75.8％となっています。理由としては、「過重労働となり、本業に支障をきたすため」、次いで「労働時間の管理・把握が困難」でした。大企業と中小企業、都市と地方でもニーズは異なることから、都市の大企業従業員が、副業で地方の中小企業に参画するといった試みも見られるようになってきています。

（副業・兼業）

第68条　労働者は、勤務時間外において、他の会社等の業務に従事する
ことができる。

2　労働者は、前項の業務に従事するにあたっては、事前に、会社に所
定の届出を行うものとする。

3　第1項の業務に従事することにより、次の各号のいずれかに該当す
る場合には、会社は、これを禁止又は制限することができる。

①労務提供上の支障がある場合

②企業秘密が漏洩する場合

③会社の名誉や信用を損なう場合や、信頼関係を破壊する行為がある
場合

④競業により、企業の利益を害する場合

（出所）厚生労働省　モデル就業規則 https://www.mhlw.go.jp/content/000496443.pdf

5年先を見据えた際の副業・兼業の意向

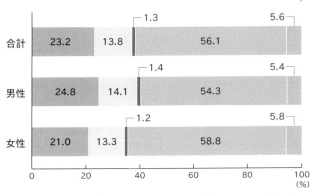

（出所）労働政策研究・研修機構（2018）
「多様な働き方の進展と人材マネジメントの在り方に関する調査」

77 生涯学習

▶ より重視されるOff-JT

　寿命が延びる一方で、技術の発達により、仕事そのものの寿命は短くなっています。そのような時代においては、常に新たな知識やスキルや経験を身につけていくことが求められてきます。生涯にわたって学習していくことは、現代人に必要な行動と言えるでしょう。

　生涯学習には、職場における学び（OJT）とともに、職場を離れた学び（Off-JT）も含まれています。ビジネスや仕事の寿命が短くなることを前提とすれば、Off-JTがより重視されると考えられます。

▶ 日本で推進されにくい理由

　しかしながら、社会人大学生の数が他の先進国と比較して必ずしも多くない事象を鑑みると、Off-JTが推進されにくい環境が日本に多いと考えられます。

　社会人大学生の視点で考えると、「学費が高い」「社会人に配慮したカリキュラム」などの課題が挙げられます。また、大学で学んだことが企業で評価されにくいということが浮かび上がってきます。労働時間の長さや働き方の柔軟性を欠いていることもその要因です。

　学んだことが企業で評価されるということ、そして、労働時間の短縮やより柔軟な働き方が実現していけば、大学で学ぶ人は増えていくでしょう。

あなたは、この一年間くらいの間で、どのような場所や形態で
学習をしたことがありますか

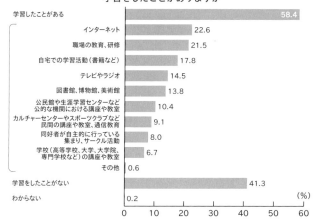

（出所）内閣府（2018）「生涯学習に関する世論調査」

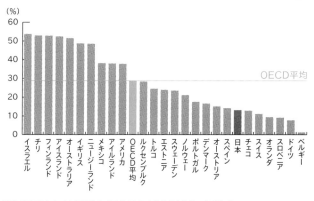

（出所）OECD および文部科学省「平成 28 年度学校基本統計」より作成

78 越境学習

▶ これまでの常識を問い直す

越境とは、文化や習慣に差異のあるコミュニティの間を往還する際に意識化される概念です。異文化の中で、それまで常識と考えていた事柄が当たり前でなかったことに気づき、物の見方や考え方、自分自身のあり方などが問い直され、新しいやり方や、あり方を模索するきっかけとなることがあります。このような学習は、所属集団の内部での有能さを高めていく垂直的学習（熟達化）と対比して、水平的学習（異化）とも呼ばれます。

▶ 意識しなければ学習は起こらない

越境学習という言葉は、狭義には、人材育成の場を社外に広げるという意味で使われます。新しい視点から物を見ることや、多様な視点の組み合わせを学ぶことを期待して、異質な仕事の進め方や発想を経験する人材育成プログラムを企業が用意するようになってきました。

越境学習は本来、社外に出て研修を受ける際だけに起こるものではありません。社内部門間の協働や、私生活と仕事の行き来においても起こり得ます。しかし、それが越境であると意識しなければ、学習にはつながりません。境界を越える側も受け入れる側も、自分の常識を横に置き、他者から学び、新しい関係性を対話的に見出していくプロセスを、越境学習と呼ぶべきかもしれません。

垂直的学習と水平的学習

垂直的学習（熟達化）

- 限定的な領域での実践に関する有能さを獲得していくプロセス
- あるコミュニティにおける安定した関係性を背景として進む、行為の「アタリマエ」化
- 何かが上手になったり、速くできるようになったりする

水平的学習（異化）

- 越境的な共同実践を通じて発生する学習
- 「アタリマエだと思っていた自分がヘンだ」と考え、自分自身や身を置いてきた文化を異化（相対化、視野の拡大、新たなモノの見方の獲得など）するようになる
- ものの見方が変わるプロセスであり、自分自身のあり方が変わるプロセス

越境における対話的な学習の4つのメカニズム

境界に気づく	文化や習慣の異なる世界があることに気づき、異文化を行き来することの葛藤を経験し、解消するために工夫をする（例：家庭役割と仕事役割の矛盾・葛藤を乗り越える、新しいアイデンティティを交渉する）
境界を越えて協働する	領域間の情報の流通や翻訳の努力、両方で使えるツールや手順の整備などを通じて、異質な文化を持つ同士でも協働できるようになっていく（例：医者とソーシャルワーカーのそれぞれが活用できるような、患者情報を記載したカルテを整備することで、連携がスムーズになる）
内省し、物の見方が豊かになる	自文化・異文化それぞれの新しい側面に気づく。自分独自の視点を持てるようになったり、異質な視点を考慮に入れたりできるようになる。世界の見方が豊かになり、個人のアイデンティティも豊かに発達する（例：異文化下のビジネス交渉場面で、相手の視点を理解し、誤解や行き違いを避けられるようになる）
境界線が変わり新しい文化と活動が生まれる	境界を挟んだ異文化間の活動が、これまでのやり方では立ち行かないような事態に直面したとき、境界線上の活動に問題があることを認め合った上で解決に向けた対話が行われ、ハイブリッド的な新しい文化と実践が生み出される（例：産学連携スキームの開発、科学研究に学際的領域が生まれる）

(出所) Akkerman, S. F., & Bakker, A. (2011). Boundary crossing and boundary objects. *Review of educational research*, 81 (2), 132-169. を基に著者作成

79 ジョブ・クラフティング

▶ 仕事をデザインし直す

仕事のデザイン（タスクや人との関わりの特徴）は、従業員が仕事を意味深いものとして経験するかどうかに影響を与えます。しかし、同じデザインの仕事が、すべての人を同じように満足させるわけではありません。

仕事のどの要素に意味を感じるかには個人差がありますし、担当する仕事をどのように行うかということには工夫の余地があるからです。与えられたものとして仕事をこなすのではなく、従業員自身が、自分にとって意味のある経験となるように仕事をデザインし直すことを、ジョブ・クラフティングと言います。

▶ 仕事を意味あるものとして経験する

「業務・タスク」「人との関係性」「意味の認知」という3種類の境界線を引いて、人は仕事上の役割の範囲を捉えています。これらの境界を物理的、認知的に変えるジョブ・クラフティングによって、仕事における経験は変わります。誰と、どのように関わり、どのようなスキルを生かして、何にどのような影響を与えるものとして仕事をするか、ということには、自己決定の余地があるのです。

どうせなら意味が感じられるように、自分を生かせるように、楽しめるようなやり方で、と心がけることで、仕事を意味あるものとして経験することができます。

トップダウンとボトムアップの意味生成

ジョブ・デザイン

マネジャー主導で、タスクの完結性・多様性・重要性を通じて
従業員が意味深さを経験できるように仕事を設計する

※トップダウン
・一律

**仕事から引き出される
意味深さ**

※ボトムアップ
・個別化

ジョブ・クラフティング

従業員主導で、仕事に関するタスクと関係性と認知を主体的に
変化させることを通じて個々人の意味深さを経験するプロセス

(出所) Berg, J. M., Dutton, J. E., & Wrzesniewski, A. (2013). Job crafting and meaningful work. In B. J. Dik, Z. S. Byrne & M. F. Steger (Eds.), *Purpose and meaning in the workplace* (pp. 81-104). Washington, DC: American Psychological Association. を基に著者作成

仕事における役割の範囲と意味を決める3つの境界

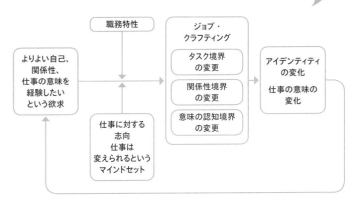

(出所) Wrzesniewski, A., & Dutton, J. E. (2001). Crafting a job: Revisioning employees as active crafters of their work. *Academy of management review*, 26(2), 179-201. を基に著者作成

80 ミッドキャリア・クライシス

▶ キャリアの中期・後期に表れる課題

　ミッドキャリア・クライシス（中年の危機）とは、キャリア中期からキャリア後期に存在する課題です。その課題は、単に仕事に関するものだけではなく、組織における位置付けや家族関係やからだや活力の衰えも含めた複合的なものになります。

　入社した際に持っていた夢や目標を振り返ってみたときに、現実と乖離していることに気がつくことが多いでしょう。それをどう解消していくのか、ということが大きな課題になります。また、管理職になると、上と下からの圧力の中で、本来行おうと思っていなかったことへの対処も課題になります。

▶ プライベートにも課題

　さらに、自分の両親の病気や介護、あるいは子供の教育や家のローンなど増える支出への対処も中年期の課題として挙げられます。それに加えて、からだは衰え、疲れやすくなっており、長時間労働で対処することが難しくなってきており、若いときの働き方というものを見直す必要があるのもこの時期特有の課題です。

　中年期、経験とスキルが充実し、仕事で活躍する時期です。一方で、さまざまな課題があることも意識すべきことでもあります。

キーワード	概　要	主な提唱者
人生の午後	人生を午前と午後に分けたときに、中年期は、その正午に当たる。午前中に影であったものに光が当たり、午後には、その統合が求められる。	ユング
キャリア・プラトー	現在就いている職位以上の昇進可能性が低い状態。その状態が長引くとモチベーション低下のリスクがある。	フェレンス
人生の逆算	中年期になると、残りの人生の時間を意識し、逆算して、なしえることの限界を加味し、ものごとを考えるようになる。	ニューガーデン
世代性	中年期を過ぎると、次の世代を意識する。自分だけでなしえなかったことを次の世代に託し、次の世代の育成にも目を向けるようになる。	エリクソン

81 シニアの働き方

▶ ほぼすべての企業に制度がある

人生100年時代に突入して、シニアの働き方は、個人にとっても企業にとっても課題になってきています。

現行の制度において、企業は、従業員が希望するのであれば、65歳まで仕事を提供しなければなりません。よって、企業は、定年延長または廃止あるいは継続雇用という形で対応しています。さらに政府は、希望するのであれば70歳まで働ける制度の検討をしており、企業側には努力義務を課していく予定です。6割弱の企業は、65歳以上であっても、希望すれば雇用する準備があるというのが現状です。

▶ 仕事と報酬のバランスに課題

そのような制度を背景に、高齢者の就業率は増加しています。課題は、仕事、処遇、能力がマッチしていないことと、それに伴って、モチベーションが上がらないことにあります。

企業としては、仕事を提供するものの、人件費が高騰することは避けたいという思いがあります。一方で、個人にとって、同じ仕事をしているにもかかわらず、報酬が下がることに納得していないという問題があります。

企業側は、仕事と仕事に見合った報酬、個人側も報酬に見合った貢献が今後求められていきます。

雇用確保措置の実施状況

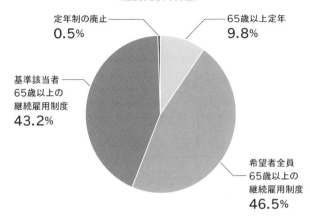

（従業員 301 人以上）

定年制の廃止
0.5%

65歳以上定年
9.8%

基準該当者
65歳以上の
継続雇用制度
43.2%

希望者全員
65歳以上の
継続雇用制度
46.5%

（出所）厚生労働省（2018）「平成 30 年『高年齢者の雇用状況』集計結果」

年齢階級別就業率の推移

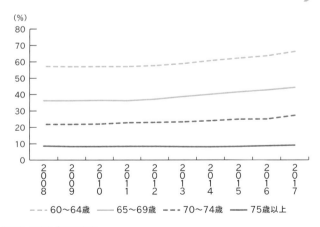

（出所） 総務省「労働力調査」

82 計画された偶発性

▶ 未来をデザインすることは難しい

　計画された偶発性理論は、1999年に、スタンフォード大学のクランボルツによって提唱された理論です。従来、個人のキャリアは、「未決定」ではなくデザインするものと認識されていましたが、実際には、偶然の機会や出会いによってキャリアが決められていることに注目して、クランボルツは、同理論を提唱しました。不確実性が増す現代において、未来をデザインすることの難しさという観点でも多くの人に注目されることになりました。

▶ 5つの行動指針

　ただ、クランボルツは、単に偶然に身を任せればいいと言っているわけではありません。偶然の機会や出会いを計画的に作っていくことや生かしていくことを奨励しています。そのための行動指針は以下のとおりです。

　たえず新しい学習の機会を探究する「好奇心」、失敗しても努力し続ける「持続性」、新しい機会は必ず訪れ、きっとうまくいくと思える「楽観性」、こだわりを捨てて、行動を変えていける「柔軟性」、そして結果がわからなくてもリスクを取って行動する「冒険心」の5つです。

　そのような行動指針があることで、偶然の機会や出会いは増えて、その機会によって、自らの可能性を広げていくことができます。

持続性

学習や新しい行動の
習慣化

冒険心

新しいことに
挑戦してみる

好奇心

新しい学習機会を
探求する

楽観性

新しいことでも
きっとうまくいくと
思える

柔軟性

過去の行動習慣やこだわりを捨てるという基本姿勢

（出所）　クランボルツ, J. D., レヴィン, A. S.（2005）『その幸運は偶然ではないんです！』
　　　　花田光世・大木紀子・宮地夕紀子訳、ダイヤモンド社
　　　　を参考に著者が作成

83 キャリア・アダプタビリティ

▶ キャリアを環境に適応させる

働く環境がたえず変化する時代には、生涯にわたって、一つの会社で同じ仕事を行うことは難しくなります。転職や違う仕事を行っていくことを視野に置く必要があるでしょう。

そのような変化する環境に適応していくことを目的にしたキャリアの考え方を「キャリア・アダプタビリティ」と言います。

▶ 4つの視点

キャリア・アダプタビリティの考え方を推進しているマーク・L・サビカスは、4つの視点を提唱しています。

1つ目は「関心」です。自分の職業やキャリアの未来への展望です。環境が変わるのであれば、その準備が必要になってきます。

2つ目は「統制」です。偶然を待つのではなく、自らの責任で未来を創造していくスタンスです。

3つ目は「好奇心」です。自分の周りや未来を常に好奇心を持って探索して、自分の可能性を試すことが求められています。

4つ目は「自信」です。自信がなければ、新しい挑戦はできません。挑戦し、成功体験を蓄積し、自信を持ち、また新たに挑戦することが求められるのです。

キャリア・アダプタビリティ　4つの視点

視　点	能　力	行　動	質　問
関　心	計画力	意識 関与 準備	自分なりの 将来像を 持っているか
統　制	意思決定力	主張 自律 意志	未来は誰が 所有しているのか
好奇心	探索力	試行 リスクテイク 探索	未来を どうしたいのか
自　信	問題解決力	持続 努力 勤勉	それを実現 できるのか

（出所）Savickas, M. L. (2005). The theory and practice of career construction. *Career development and counseling: Putting theory and research to work*, 1, 42-70. を参考に著者が作成

キャリア・アダプタビリティは、たえず変化していく環境にうまく適応するための考え方です。

今城志保
組織行動研究所　主幹研究員

1988年リクルートに入社。テスト開発を手がけたのち、New York Universityで MA、東京大学で博士号を取得。一貫して研究に従事。

入江崇介
HR Analytics & Technology Lab 所長

東京大学大学院修士課程修了後、2002年人事測定研究所入社。組織行動や心理測定の研究に携わり、2018年より現職。

小方真
リサーチ&デザイン部　部長　組織行動研究所　主任研究員

大阪大学人間科学部卒業後、1997年人事測定研究所入社。営業、企画、研究・開発などを経験し、2018年より現職。

佐藤裕子
組織行動研究所　研究員

リクルート、リクルートマネジメントソリューションズで研修開発、営業組織開発、eラーニング開発、新規事業開発等に従事。2014年より現職。

嶋村伸明
HRD事業開発部　主任研究員

1987年リクルート入社。各種トレーニングプログラム、360°アセスメント、組織診断等の研究開発に従事。ATD International Member Network Japan理事

仲間大輔
組織行動研究所　主任研究員

北海道大学大学院修士課程修了後、2006年リクルート入社。ファイナンス、M&A、米国駐在等を経て、2017年より現職。

仁田光彦
測定技術研究所　マネジャー兼主任研究員

2009年リクルート入社。入社以降、一貫して採用・入社後領域に携わり、2018年より現職。

福田隆郎
測定技術研究所　主任研究員

1981年リクルート入社。執行役員インフローソリューション事業部長などを経て2011年より現職。

藤澤理恵
組織行動研究所　主任研究員

コンサルティングや商品開発、育児休業等を経て現職。仕事の意味と主体性、HRMの柔軟性が主な研究テーマ。

藤村直子
組織行動研究所　主任研究員

人事アセスメントの研究・開発、事業企画、人材紹介・キャリア支援等を経て、2007年より現職。

古野庸一
組織行動研究所　所長

1987年東京大学卒後、リクルートに入社、USCでMBA取得。事業開発、研究、事業責任者を経て2009年より現職。

山田義一
リサーチ＆デザイン部　主任研究員

銀行・メーカー・外資系コンサルティング会社を経て現職。コンサルタントとして関わった企業数は150社を超える。

リクルートマネジメントソリューションズ

「人と組織」をテーマに、マネジメントが直面するさまざまな課題の解決にあたるリクルートグループのプロフェッショナルサービスファーム

https://www.recruit-ms.co.jp/

日経文庫1942

ビジュアル
いまさら聞けない
人事マネジメントの最新常識

2020年11月13日　1版1刷

編　者	リクルートマネジメントソリューションズ
発行者	白石　賢
発　行	日経BP 日本経済新聞出版本部
発　売	日経BPマーケティング 〒105-8308　東京都港区虎ノ門4-3-12
ブックデザイン	尾形　忍（Sparrow Design）
イラスト	加納徳博
印刷・製本	広研印刷

ISBN978-4-532-11942-3
© Recruit Management Solutions Co.,Ltd., 2020

Printed in Japan